心一堂術數古籍珍本叢刊

書名：《中國原子哲學》附《易世》《易命》
系列：心一堂術數古籍珍本叢刊　其他類　星命類　第二輯　240
作者：馬翰如
主編、責任編輯：陳劍聰
心一堂術數古籍珍本叢刊編校小組：陳劍聰　素聞　梁松盛　鄒偉才　虛白盧主

出版：心一堂有限公司
通訊地址：香港九龍旺角彌敦道六一〇號荷李活商業中心十八樓〇五—〇六室
深港讀者服務中心：中國深圳市羅湖區立新路六號羅湖商業大厦負一層〇〇八室
電話號碼：(852)67150840
網址：publish.sunyata.cc
電郵：sunyatabook@gmail.com
網店：http://book.sunyata.cc
淘寶店地址：https://shop210782774.taobao.com
微店地址：https://weidian.com/s/1212826297
臉書：https://www.facebook.com/sunyatabook
讀者論壇：http://bbs.sunyata.cc/

版次：二零一八年二月初版
平裝

定價：港幣　一百二十八元正
　　　新台幣　四百九十八元正

國際書號：ISBN 978-988-8317-97-4

香港發行：香港聯合書刊物流有限公司
地址：香港新界大埔汀麗路36號中華商務印刷大厦3樓
電話號碼：(852)2150-2100
傳真號碼：(852)2407-3062
電郵：info@suplogistics.com.hk

台灣發行：秀威資訊科技股份有限公司
地址：台灣台北市內湖區瑞光路七十六巷六十五號一樓
電話號碼：+886-2-2796-3638
傳真號碼：+886-2-2796-1377
網絡書店：www.bodbooks.com.tw
台灣國家書店讀者服務中心：
地址：台灣台北市中山區松江路二〇九號一樓
電話號碼：+886-2-2518-0207
傳真號碼：+886-2-2518-0778
網絡書店：http://www.govbooks.com.tw

中國大陸發行　零售：深圳心一堂文化傳播有限公司
深圳地址：深圳市羅湖區立新路六號羅湖商業大厦負一層〇〇八室
電話號碼：(86)0755-82224934

心一堂微店二維碼

心一堂淘寶店二維碼

心一堂術數古籍 珍本 整理 叢刊 總序

術數定義

術數，大概可謂以「推算（推演）、預測人（個人、群體、國家等）、事、物、自然現象、時間、空間方位等規律及氣數，並或通過種種『方術』，從而達致趨吉避凶或某種特定目的」之知識體系和方法。

術數類別

我國術數的內容類別，歷代不盡相同，例如《漢書・藝文志》中載，漢代術數有六類：天文、曆譜、五行、蓍龜、雜占、形法。至清代《四庫全書》，術數類則有：數學、占候、相宅相墓、占卜、命書、相書、陰陽五行、雜技術等，其他如《後漢書・方術部》、《藝文類聚・方術部》、《太平御覽・方術部》等，對於術數的分類，皆有差異。古代多把天文、曆譜、及部分數學均歸入術數類，而民間流行亦視傳統醫學作為術數的一環；此外，有些術數與宗教中的方術亦往往難以分開。現代民間則常將各種術數歸納為五大類別：命、卜、相、醫、山，通稱「五術」。

本叢刊在《四庫全書》的分類基礎上，將術數分為九大類別：占筮、星命、相術、堪輿、選擇、三式、讖諱、理數（陰陽五行）、雜術（其他）。而未收天文、曆譜、算術、宗教方術、醫學。

術數思想與發展——從術到學，乃至合道

我國術數是由上古的占星、卜筮、形法等術發展下來的。其中卜筮之術，是歷經夏商周三代而通過「龜卜、蓍筮」得出卜（筮）辭的一種預測（吉凶成敗）術，之後歸納並結集成書，此即現傳之《易

經》。經過春秋戰國至秦漢之際，受到當時諸子百家的影響、儒家的推崇，遂有《易傳》等的出現，原本是卜筮術書的《易經》，被提升及解讀成有包涵「天地之道（理）」之學。因此，《易・繫辭傳》曰：「易與天地準，故能彌綸天地之道。」

漢代以後，易學中的陰陽學說，與五行、九宮、干支、氣運、災變、律曆、卦氣、讖緯、天人感應說等相結合，形成易學中象數系統。而其他原與《易經》本來沒有關係的術數，如占星、形法、選擇，亦漸漸以易理（象數學說）為依歸。《四庫全書・易類小序》云：「術數之興，多在秦漢以後。要其旨，不出乎陰陽五行，生尅制化。實皆《易》之支派，傅以雜說耳。」至此，術數可謂已由「術」發展成「學」。

及至宋代，術數理論與理學中的河圖洛書、太極圖、邵雍先天之學及皇極經世等學說給合，通過術數以演繹理學中「天地中有一太極，萬物中各有一太極」（《朱子語類》）的思想。術數理論不單已發展至十分成熟，而且也從其學理中衍生一些新的方法或理論，如《梅花易數》、《河洛理數》等。

在傳統上，術數功能往往不止於僅僅作為趨吉避凶的方術，及「能彌綸天地之道」的學問，亦有其「修心養性」的功能，「與道合一」（修道）的內涵。《素問・上古天真論》：「上古之人，其知道者，法於陰陽，和於術數。」數之意義，不單是外在的算數、歷數、氣數，而是與理學中同等的「道」、「理」--心性的功能，北宋理氣家邵雍對此多有發揮：「聖人之心，是亦數也」、「萬化萬事生乎心」、「心為太極」。《觀物外篇》：「先天之學，心法也。……蓋天地萬物之理，盡在其中矣，心一而不分，則能應萬物。」反過來說，宋代的術數理論，受到當時理學、佛道及宋易影響，認為心性本質上是等同天地之太極。天地萬物氣數規律，能通過內觀自心而有所感知，即是內心也已具備有術數的推演及預測、感知能力；相傳是邵雍所創之《梅花易數》，便是在這樣的背景下誕生。

《易・文言傳》已有「積善之家，必有餘慶；積不善之家，必有餘殃」之說，至漢代流行的災變說及讖緯說，我國數千年來都認為天災，異常天象（自然現象），皆與一國或一地的施政者失德有關；下至家族、個人之盛衰，也都與一族一人之德行修養有關。因此，我國術數中除了吉凶盛衰理數之外，人心的德行修養，也是趨吉避凶的一個關鍵因素。

術數與宗教、修道

在這種思想之下，我國術數不單只是附屬於巫術或宗教行為的方術，又往往是一種宗教的修煉手段——通過術數，以知陰陽，乃至合陰陽（道）。「其知道者，法於陰陽，和於術數。」例如，「奇門遁甲」術中，即分為「術奇門」與「法奇門」兩大類。「法奇門」中有大量道教中符籙、手印、存想、內煉的內容，是道教內丹外法的一種重要外法修煉體系。甚至在雷法一系的修煉上，亦大量應用了術數內容。此外，相術、堪輿術中也有修煉望氣（氣的形狀、顏色）的方法；堪輿家除了選擇陰陽宅之吉凶外，也有道教中選擇適合修道環境（法、財、侶、地中的地）的方法，以至通過堪輿術觀察天地山川陰陽之氣，亦成為領悟陰陽金丹大道的一途。

易學體系以外的術數與的少數民族的術數

我國術數中，也有不用或不全用易理作為其理論依據的，如揚雄的《太玄》、司馬光的《潛虛》。也有一些占卜法、雜術不屬於《易經》系統，不過對後世影響較少而已。

外來宗教及少數民族中也有不少雖受漢文化影響（如陰陽、五行、二十八宿等學說。）但仍自成系統的術數，如古代的西夏、突厥、吐魯番等占卜及星占術，藏族中有多種藏傳佛教占卜術、苯教占卜術、擇吉術、推命術、相術等；北方少數民族有薩滿教占卜術；不少少數民族如水族、白族、布朗族、佤族、彝族、苗族等，皆有占雞（卦）草卜、雞蛋卜等術，納西族的占星術、占卜術，彝族畢摩的推命術、占卜術……等等，都是屬於《易經》體系以外的術數。相對上，外國傳入的術數以及其理論，對我國術數影響更大。

曆法、推步術與外來術數的影響

我國的術數與曆法的關係非常緊密。早期的術數中，很多是利用星宿或星宿組合的位置（如某星在某州或某宮某度）付予某種吉凶意義，并據之以推演，例如歲星（木星）、月將（某月太陽所躔之宮次）等。不過，由於不同的古代曆法推步的誤差及歲差的問題，若干年後，其術數所用之星辰的位置，已與真實星辰的位置不一樣了；此如歲星（木星），早期的曆法及術數以十二年為一周期（以應地支），與木星真實周期十一點八六年，每幾十年便錯一宮。後來術家又設一「太歲」的假想星體來解決，是歲星運行的相反，週期亦剛好是十二年。而術數中的神煞，很多即是根據太歲的位置而定。又如六壬術中的「月將」，原是立春節氣後太陽躔娵訾之次而稱作「登明亥將」，至宋代，因歲差的關係，要到雨水節氣後太陽才躔娵訾之次，當時沈括提出了修正，但明清時六壬術中「月將」仍然沿用宋代沈括修正的起法沒有再修正。

由於以真實星象周期的推步術是非常繁複，而且古代星象推步術本身亦有不少誤差，大多數術數除依曆書保留了太陽（節氣）、太陰（月相）的簡單宮次計算外，漸漸形成根據干支、日月等的各自起例，以起出其他具有不同含義的眾多假想星象及神煞系統。唐宋以後，我國絕大部分術數都主要沿用這一系統，也出現了不少完全脫離真實星象的術數，如《子平術》、《紫微斗數》、《鐵版神數》等。後來就連一些利用真實星辰位置的術數，如《七政四餘術》及選擇法中的《天星選擇》，也已與假想星象及神煞混合而使用了。

隨着古代外國曆（推步）、術數的傳入，如唐代傳入的印度曆法及術數，元代傳入的回回曆等，其中我國占星術便吸收了印度占星術中羅睺星、計都星等而形成四餘星，又通過阿拉伯占星術而吸收了其中來自希臘、巴比倫占星術的黃道十二宮、四大（四元素）學說（地、水、火、風），並與我國傳統的二十八宿、五行說、神煞系統並存而形成《七政四餘術》。此外，一些術數中的北斗星名，不用我國傳統的星名：天樞、天璇、天璣、天權、玉衡、開陽、搖光，而是使用來自印度梵文所譯的：貪狼、巨門、祿存、文曲，廉貞、武曲、破軍等，此明顯是受到唐代從印度傳入的曆法及占星術所影響。如星命術中的《紫微斗數》及堪輿術中的《撼龍經》等文獻中，其星皆用印度譯名。及至清初《時憲曆》，置閏之法則改用西法「定氣」。清代以後的術數，又作過不少的調整。

此外，我國相術中的面相術、手相術，唐宋之際受印度相術影響頗大，至民國初年，又通過翻譯歐西、日本的相術書籍而大量吸收歐西相術的內容，形成了現代我國坊間流行的新式相術。

陰陽學——術數在古代、官方管理及外國的影響

術數在古代社會中一直扮演着一個非常重要的角色，影響層面不單只是某一階層、某一職業、某一年齡的人，而是上自帝王，下至普通百姓，從出生到死亡，不論是生活上的小事如洗髮、出行等，大事如建房、入伙、出兵等，從個人、家族以至國家，從天文、氣象、地理到人事、軍事，從民俗、學術到宗教，都離不開術數的應用。我國最晚在唐代開始，已把以上術數之學，稱作陰陽（學），行術數者稱陰陽人。（敦煌文書、斯四三二七唐《師師漫語話》：「以下說陰陽人謾語話」，此說法後來傳入日本，今日本人稱行術數者為「陰陽師」）。一直到了清末，欽天監中負責陰陽術數的官員中，以及民間術數之士，仍名陰陽生。

古代政府的中欽天監（司天監），除了負責天文、曆法、輿地之外，亦精通其他如星占、選擇、堪輿等術數，除在皇室人員及朝庭中應用外，也定期頒行日書、修定術數，使民間對於天文、日曆用事吉凶及使用其他術數時，有所依從。

我國古代政府對官方及民間陰陽學及陰陽官員，從其內容、人員的選拔、培訓、認證、考核、律法監管等，都有制度。至明清兩代，其制度更為完善、嚴格。

宋代官學之中，課程中已有陰陽學及其考試的內容。（宋徽宗崇寧三年〔一一零四年〕崇寧算學令：「諸學生習……並曆算、三式、天文書。」「諸試……三式即射覆及預占三日陰陽風雨。天文即預

定一月或一季分野災祥，並以依經備草合問為通。」

金代司天臺，從民間「草澤人」（即民間習術數人士）考試選拔：「其試之制，以《宣明曆》試推步，及《婚書》、《地理新書》試合婚、安葬，並《易》筮法，六壬課、三命、五星之術。」（《金史》卷五十一・志第三十二・選舉一）

元代為進一步加強官方陰陽學對民間的影響、管理、控制及培育，除沿襲宋代、金代在司天監掌管陰陽學及中央的官學陰陽學課程之外，更在地方上增設陰陽學課程（《元史・選舉志一》：「世祖至元二十八年夏六月始置諸路陰陽學。」）地方上也設陰陽學教授員，培育及管轄地方陰陽人。（《元史・選舉志一》：「（元仁宗）延祐初，令陰陽人依儒醫例，於路、府、州設教授員，凡陰陽人皆管轄之，而上屬於太史焉。」）自此，民間的陰陽術士（陰陽人），被納入官方的管轄之下。

至明清兩代，陰陽學制度更為完善。中央欽天監掌管陰陽學，明代地方縣設陰陽學正術，各州設陰陽學典術，各縣設陰陽學訓術。陰陽人從地方陰陽學肄業或被選拔出來後，再送到欽天監考試。（《大明會典》卷二二三：「凡天下府州縣舉到陰陽人堪任正術等官者，俱從吏部送（欽天監），考中，送回選用；不中者發回原籍為民，原保官吏治罪。」）清代大致沿用明制，凡陰陽術數之流，悉歸中央欽天監及地方陰陽官員管理、培訓、認證。至今尚有「紹興府陰陽印」、「東光縣陰陽學記」等明代銅印，及某某縣某某之清代陰陽執照等傳世。

清代欽天監漏刻科對官員要求甚為嚴格。《大清會典》「國子監」規定：「凡算學之教，設肄業生。滿洲十有二人，蒙古、漢軍各六人，於各旗官學內考取。漢十有二人，於舉人、貢監生童內考取。附學生二十四人，由欽天監選送。教以天文演算法諸書，五年學業有成，舉人引見以欽天監博士用，貢監生童以天文生補用。」學生在官學肄業、貢監生肄業或考得舉人後，經過了五年對天文、算法、陰陽學的學習，其中精通陰陽術數者，會送往漏刻科。而在欽天監供職的官員，《大清會典則例》「欽天監」規定：「本監官生三年考核一次，術業精通者，保題升用。不及者，停其升轉，再加學習。如能黽勉供職，即予開復。仍不及者，降職一等，再令學習三年，能習熟者，准予開復，仍不能者，黜退。」除定期考核以定其升用降職外，《大清律例》中對陰陽術士不準確的推斷（妄言禍福）是要治罪的。《大清律例・一七八・術七・妄言禍福》：「凡陰陽術士，不許於大小文武官員之家妄言禍福，違者杖一百。其依經推算星命卜課，不在禁限。」大小文武官員延請的陰陽術士，自然是以欽天監漏刻科官員或地方陰陽官員為主。

官方陰陽學制度也影響鄰國如朝鮮、日本、越南等地，一直到了民國時期，鄰國仍然沿用着我國的多種術數。而我國的漢族術數，在古代甚至影響遍及西夏、突厥、吐蕃、阿拉伯、印度、東南亞諸國。

術數研究

術數在我國古代社會雖然影響深遠，「是傳統中國理念中的一門科學，從傳統的陰陽、五行、九宮、八卦、河圖、洛書等觀念作大自然的研究。……傳統中國的天文學、數學、煉丹術等，要到上世紀中葉始受世界學者肯定。可是，術數還未受到應得的注意。術數在傳統中國科技史、思想史，文化史、社會史，甚至軍事史都有一定的影響。……更進一步了解術數，我們將更能了解中國歷史的全貌。」（何丙郁《術數、天文與醫學中國科技史的新視野》，香港城市大學中國文化中心。）

可是術數至今一直不受正統學界所重視，加上術家藏秘自珍，又揚言天機不可洩漏，「（術數）乃吾國科學與哲學融貫而成一種學說，數千年來傳衍嬗變，或隱或現，全賴一二有心人為之繼續維繫，賴以不絕，其中確有學術上研究之價值，非徒癡人說夢，荒誕不經之謂也。其所以至今不能在科學中成立一種地位者，實有數因。蓋古代士大夫階級目醫卜星相為九流之學，多恥道之；而發明諸大師又故為惝恍迷離之辭，以待後人探索；間有一二賢者有所發明，亦秘莫如深，既恐洩天地之秘，復恐譏為旁門左道，始終不肯公開研究，成立一有系統說明之書籍，貽之後世。故居今日而欲研究此種學術，實一極困難之事。」（民國徐樂吾《子平真詮評註》，方重審序）

現存的術數古籍，除極少數是唐、宋、元的版本外，絕大多數是明、清兩代的版本。其內容也主要是明、清兩代流行的術數，唐宋或以前的術數及其書籍，大部分均已失傳，只能從史料記載、出土文獻、敦煌遺書中稍窺一鱗半爪。

術數版本

坊間術數古籍版本，大多是晚清書坊之翻刻本及民國書賈之重排本，其中豕亥魚魯，或任意增刪，往往文意全非，以至不能卒讀。現今不論是術數愛好者，還是民俗、史學、社會、文化、版本等學術研究者，要想得一常見術數書籍的善本、原版，已經非常困難，更遑論如稿本、鈔本、孤本等珍稀版本。在文獻不足及缺乏善本的情況下，要想對術數的源流、理法、及其影響，作全面深入的研究，幾不可能。

有見及此，本叢刊編校小組經多年努力及多方協助，在海內外搜羅了二十世紀六十年代以前漢文為主的術數類善本、珍本、鈔本、孤本、稿本、批校本等數百種，精選出其中最佳版本，分別輯入兩個系列：

一、心一堂術數古籍珍本叢刊

二、心一堂術數古籍整理叢刊

前者以最新數碼（數位）技術清理、修復珍本原本的版面，更正明顯的錯訛，部分善本更以原色彩色精印，務求更勝原本。并以每百多種珍本、一百二十冊為一輯，分輯出版，以饗讀者。

後者延請、稿約有關專家、學者，以善本、珍本等作底本，參以其他版本，古籍進行審定、校勘、注釋，務求打造一最善版本，方便現代人閱讀、理解、研究等之用。

限於編校小組的水平，版本選擇及考證、文字修正、提要內容等方面，恐有疏漏及舛誤之處，懇請方家不吝指正。

心一堂術數古籍 珍本 整理 叢刊編校小組

二零零九年七月序

二零一四年九月第三次修訂

馬翰如著

中國原子哲學

黃允明題

小引

是書根據吾國百世前周易預言，引証現實事件，舉凡中國抗戰之勝利，日本侵畧之失敗，暨
國父革命歷史
領袖建國勳績
汪氏失貞底蘊　曾有「知言窮理」，「研究明瞭」，「不含糊」，「不虛僞」之判斷與剖拆，讀者能虛懷諦竟，自可深得其義，對於世界與個人之是非得失，乃至禍福成敗，明如指掌矣。

明德出版社

明德出版社

中國原子哲學

馬翰如著

中華民國三十五年二月五日

目錄

中國原子哲學

序一

立德齋主人。馬翰如先生。吾棉之醫學家也。余於民國二十七年夏間。由港返鄉。偶染時病。得友人介紹先生診治。既癒。每於暇日。詣先生寓所請益。久之。遂成知交焉。先生少年英俊。家學淵源。儲藏圖書甚富。日與古文爲友。故其言行。彬彬然有古人之風。先生旣通活人術。尤明運命理。蓋以中醫一道。本於陰陽氣化。有諸內則形諸外。望聞問切之義。有關五運六氣風鑑之學也。秦越人善醫未病。卽此理耳。今之業醫者。恆缺於斯道。而江湖術士。獨爲相人。去聖學之義遠矣。先生能並重而研究之。是以學術湛精。醫以濟世。言以信衆。豈偶然哉。當國難間。先生除醫務外。閉戶讀書。求以獨善其身。遇有摯友。則健談竟夜。互勉于立德之途。是書所載。多爲先生興緻所言。引爲觀驗之資料者。今竟梓行問世。余知一時風行。將有洛陽紙貴之況矣。子輿氏有言。讀其書。不可不知其人。故余特爲表出。以爲序焉。

中華民國三十四年冬月邑人林一輝敬撰。

序二

吾友馬君鎭濟，粵之潮陽人也，善詩能文，幼年之際，卽喜讀唐人書，曰，君子之學，不爲謫仙，當作退之，因自號曰白，又名翰如焉，及長，尤致力於古經典，積十年之硏磨，而融會貫通之，居常以道德爲友儕勗，而友人亦甚樂近之焉，君治儒術外，并習醫業，曰，醫，仁術也，君子不爲良相，當作良醫，難經與易經必宜並重焉，國難中君能不受生活驅迫者，蓋卽以岐黃爲業耳，君學旣博，于天人之道，神聖之功，頗有所得‧若世耑皇極鐵板神數等書，世所罕知者，君均能通曉之，斯書之作，不特可以打破三千年來聖人作易之謎，而且可爲中國固有政治哲學發揚無限光明，吾知君之聲名，將隨斯書之價值而流傳不泯，君之有志於李白韓愈，將可以並駕而齊驅矣，是以樂爲之序焉，時

中華民國三十四年十二月十五日徐樂天敬序

補白

雜感

風雲變幻一着棋，世事荒唐總由私；半壁殘局問誰豁？無限天機費人思！最難得是興邦志，中原破碎憂患時，喜有凌霄非常士，揮戈奠定太平基。

——摘錄翰如詩文集

序三

戊寅季春，訪立德齋主人於其寓次，偶談至中日戰爭問題。主人忽告予曰：今次國爭，表面爲中日局部問題，實際是世界全部問題，換言之，即世界第二次大戰之導火線也。予曰：諾，以年來世界風雲變化之險惡觀之，當可有釀致第二次世界大戰之可能，惟是由中日爭而變爲世界爭，則君有所說乎。主人笑曰：是誠有所說，夫盛衰循環之道，人事本於氣數，蓋有其不期然而然者。日本，居於東洋，中國居於太平洋之西南，以兩國對峙之方位言之，則中國在西而日本在東也，西方屬金，東方屬木，金木之性不睦，有相尅之性，當乎金方得令，則強木可以侵凌弱金，此日本侵犯中國之時也，當夫金方得運，則強金必制服弱木，此中國征伐日本之際也。故中日戰爭，自有史以來，一消一長，互有進退，相傳秦始皇以三千童男女求神仙於扶桑之地，而造成日本國家，有唐之薛仁貴，宋之狄青，元之忽必烈，明之戚繼光等皆爲征東有史之人物，或以威征，或以寇盜。至於清朝末葉，中國不振，日本之侵略中國更爲顯然。是知中日兩國，實爲世仇國家。既往不究，以甲午中日戰爭一役論之，甲爲震木，而午屬離火，日本之原氣既旺，中國之原氣受制（火尅金也），宜乎日本之勝利，與中國之失敗也，逮甲辰年日俄戰爭一役，辰爲震木進氣之方，假中土作戰場，蘇俄卒歸失敗，亦非無因，甲寅乙卯之際，日本暗中之侵略，交結袁世凱，襲取中國利權，甲子年至甲戌年間，先後發生歷城事件，瀋陽事件，東省淪陷，是皆日本震方氣動，有以致之也。甲戌之後，乙亥年，又是木鄉當旺，東北五省被占，日本之侵略，更有拓進之況，丙子年丙火煉金，中國西南事變，幸是子水剋支，火勢自滅，西南解決，中國全面統一。惟日本之侵華則愈尖刻化，至於去歲，（卽丁丑年）天干丁壬化木，地支巳酉丑遙會金局，金木兩局，既各有其氣勢，則對抗之事，當在意料之中，七七事變，中國全面抗戰，乃告寔現，強強相對，秋令既交，烽煙遂及上海，但在七八月間，金方得令，故可數挫日寇。直至九月，甲戌月令，木叉得地，上海大場，乃告陷落。乙亥月令，冬水生木，蘇州金陵等地，遂相繼淪陷，要皆氣運使然。至於今則等語，則戊寅己卯，上土下木，中土被尅，將不堪言狀矣。予聞此言，頗覺津津有味，乃曰，誠然，但此就中日戰爭而言之，惟究何關於第二次世界大戰哉。曰，兵凶戰危，既開其機，則雙方必皆尋求與友，互相策應，且世界風雲，倏忽轉變，蓋國際祗講利害，不重信義，合縱連橫，各因時勢轉移變遷而定，故今日中日戰爭之起，於事理上有羅致第二次世界大戰之可能，但世界各國之陣線如何參加法，則非今日現況所能推斷者，無何，若以中國字學研究之，則有頗富趣味之先機，若爲君言之，君或以爲太迂矣。予曰，是何言哉，當作後來証明，亦一有價值之哲學研究也。曰，中日之戰，即爲世界大戰之二大陣線，以測字術推究之，日意德必將結合，中英俄必將同盟。予曰，日德世仇，國共未洽，君言有何見地。曰，此就事理而言之，予則以哲理而言之也。蓋德國一稱德意志國，細味之，即德國有意國之志也。意字由立日心三字構成，細味之，即意國乃有日本之心也。夫德國有意國之志，意國有日本之心，是即日本之同心國志者，德意兩國耳。至於中英俄所以同盟者，以中華之華字屬草部，而中字即中央之義，合草與央即成英字，其他能作我人者，即是我人，而我人之稱，若俄國之俄字如何，此謂同類相聚也，亦即中英俄之所以同盟也。予聞此言，不禁色舞。曰，解得甚妙，幸續敘吾。曰，六國之分開路線如斯，其中另有一國與有關係者，厥惟美國，蓋美國今日宜佈門羅主義，以和平人道揭櫫，則其不願進入戰爭漩渦也甚當然之事，但因環境轉移，苟有不仁國家，切實欲破壞美國之善義政策而影響世界和平者，則美國必加以制裁，用其守門之犬——武器，以防衛與毀滅之，此即美字羊頭犬尾之義，亦即美之所以堪稱為美也。予笑曰，其他各國將何解義。曰，其他各國皆附庸於七國之下，猶吾國昔時春秋戰國之狀況，七國之外，仍有許多無名小國也。今次世界戰爭，可以世界春秋戰爭觀之矣，予悚然有所感曰，然則今日之戰爭，將引起世界戰爭，前途之慘烈，必不堪言狀，究竟將於何日可以結束，重睹世界和平耶？曰，此問甚難應答，因世人多以現狀測之，或謂數月之事，或謂三二年之事，予則持乎潛數。以第一次世界大戰之期間論之爲四年，則第二次之期間當以二之數以乘之，恐至八載之久矣。蓋巳酉丑始會金局，去歲丑年至將來酉年，亦當入位之數也，試就五行生尅推演之，則今年戊寅，明年己卯，皆爲支木賊上，中原山河慘裂之際。庚辰年庚金轉旺，我國始能實際得到西方之協力，而轉入有利局面，辛巳年遙應丑年金局，且西方辛金透出，局勢愈旺，強木必逢硬敵矣，壬午年遙應丁年化木之氣，且午火地支暗藏，強金反爲木挫，惟癸未年上半載，癸水化火，有利木方，下半歲未土當旺，有利金方。甲申年，甲巳化土，甲坐申金，金得生助，木向衰境，則日本之情形或已不利矣，乙酉之後，乙庚化金，巳酉丑全會金局，乙坐絕地，則日本四面楚歌，將爲衆金所不容，是歲秋金得令，絕木全無一點生氣，蓋即日本敗績總崩潰之時乎。其中數理循環，陰陽變化，神而明之，惟在吾君屈時之會悟耳。至於大劫期間，將及十載，則人民生命財產之損失，當可不言而喻，其至微處，則雖聖人亦有所不知，況於鄙人膚淺之見乎。予惻然有間曰，予願君所言之言皆不中，但不願君之所言不幸而中。主人大笑曰，此你我閒言偶然之話耳，焉可確認其實。夫天心即人心，人心即天心，今日人心道德之壞，戰爭劫數之烈，當在意料之中。苟人人趨依道德門徑，必可化干戈爲玉帛，否則，十年百年千年之戰爭，紛至沓來，豈勝悲嘆哉！吾人不管世界之如何戰爭，有智之士，當可減少災劫也，又何須慼慼哉。予曰，君言誠是，事有可徵，當信其有，無稽之言，且慎毋之，況於事理有其不期然而然之事乎。曰，不期然而然者，固非人事所能知。但道因食果，世界戰爭之因如是，國家內亂之因如是，家庭不睦之因亦如是，吾人能依正道之途徑進展，當可無咎無尤，而臻歡樂之境也。主人言竟，適有客至，轉而言他，予乃告辭而退，覺所言甚有意味，隨抹筆將其所言一部分記爲文。題曰，中日戰爭前途之蠡測，投稿於香港春秋小報，并蒙發表焉。當是時，不過以爲有足研究之事，不意自己卯年端午節日汕頭淪陷之後，彼此各自一方，歷期六年之久。本

中國原子哲學　序

歲乙酉冬至前七天，更重會主人於汕島，握手言歡，覺當言猶在，戊寅季春傾談之話，更有顯然事實之証明，是知數理之事，非人力所能避免，強權公理，天人感應之道甚彰也。暢談之下，出示我近作中國原子哲學一書，并告予曰，過去中日事變，以及世界大戰之事，君已歷知其情，然此次日本之失敗，與中國之勝利，豈止於五行生尅上可以推出其吉凶，吾國先聖於百世前，實已言之詳，洩之盡矣。其中對於原子炸彈之情形，暴炸之效力，以及施於何國，因何而施炸，沒不有先期明白預告，祇因學實未見，與後人讀書之忽畧，故有所未知耳。君盡觀之，以知予言之不謬也。予聞其言，誠有出於意料之外者，迨讀完首篇，已覺滔滔是道，直有不知手之舞之足之蹈之者。中國聖學之浩大精微，予於今朝始知焉。古人能洩此真奧，亦可見其智慧之過人，與對經學之苦心研究矣。斯書之價值，不當爲振興國粹，宣揚聖教，并且於世道人心，世界永久和平有關，秘而藏之，有辜聖學易理之得人矣。因勉以公諸同好，并爲序敘其巔末焉。時

中華民國三十四年冬至前三天。張梓敬識于鮀江旅次。

例言

一　是書根據我國最有歷史性與價值之政治哲學——易經一書，闡演而成，其中幽微，極有意義，誠可打破百世來周易預言之謎，讀者毋以普通迷信之事觀之。

一　易經共有六十四個卦，此書僅闡明六個，其餘五十八個，亦有相當事實之徵驗，當俟將來繼續闡明也。

一　是書定名為原子哲學，故特以有關之原子炸彈，在上卷先為發表，此篇讀後，當可引起讀中卷之興奮也。

一　是書卷中易世上篇，以原有易卦繫辭定斷之文字，証明領袖應付中日事變之事寔與成功，誠行一貫之意義，而中篇汪氏失貞，與下篇　國父革命故事，其辭象極有不可諱言之徵驗，讀者試以閱否之，自覺有無限之興味也。

一　是書下卷易命，闡明大偉人之事業尚有數定，而平常人之事業，亦莫非有數定，讀者能深明富貴在天，死生有命，即素貧賤行於貧賤，素富貴行於富貴，素夷狄行於夷狄，素患難行於患難，彼此安分樂業，自得不爭，而人類可以長享安寧矣，蓋即作者出版此書之志也。

一　是書文筆粗俚，言多不章，其中道理，又有不能詳盡之處，幸讀者諒之。

一　是書出版，蒙　黃翁德梧德鈞林翁德靜儒濱鄭翁德儀德華陳翁德然德勉等之贊力甚大，誌此，藉表謝忱云爾。

翰如周錦清謹書

中國原子哲學 卷上

翰如馬鎮清著

中國原子哲學上

二顆原子炸彈的威力，毀滅了世界大戰罪魁——日本帝國主義者的野心，而促成世界和平的實現，無疑的，原子科學的發明，是全人類的幸福，是奠定世界永久和平的基礎，任何人[illegible]願這樣的希望着，和禱祝着。

但是，原子炸彈究竟能夠維持世界的永久和平嗎？這是一個很嚴重而且值得我們考慮的事啊！因爲原子炸彈的發明，第一次的功勞，便是利用在戰爭上的勝利，將來會不會再被其他居心不良的國家發明，再利用爲征伐侵略的工具，這是很難逆料而且不易遏止的一件嚴重問題呢！

我們知道，科學家的苦心，原是爲人類的幸福而發明科學的，但是既往的事實告訴我們，科學家的研究和發明，都被野心家和軍事家利用爲戰爭的武器，譬如飛機輪船，是交通的必需品，爲縮少人生行程的時間和麻煩而發明的，但是一經戰爭，便被利用爲攻擊和阻碍交通的東西，火藥電油是工業製造的原動力，爲縮少人生工作的時間和麻煩而發明的，但是一經戰爭，便被利用爲軍事推進，和殺人的東西，其他如電報電話等物，無一非爲福利人生而發明的，但是在戰爭期間，都被利用爲禍害人類的工具，變成科學愈昌明，戰爭愈利害的情形，在第一次世界大戰的時候，不過利用簡單的火藥和飛機的優先發明，便可以操戰勝的左券，現在第二次大戰的結束，竟須利用偉大的飛機和原子彈的力量，方才奠定和平，如果人心不正，戰禍再起的話，那末，原子彈的殘虐和恐怖，不知要怎樣的加倍利害，日本的末日雖已見着，世界的末日亦將不久了！這樣看來，世界前途的和平，固然需要正義的國家保持有原子彈的力量，同時還要遏止不義不德的人，能夠發明原子力量，原子是由科學研究而發明的，有道德的人，固然能夠發明，不義不德的人，亦能夠發明，所以原子力的前途，我們很難斷定它是一定可以維持世界的永久和平的東西哩！

美國羅斯福總統說：「世界的永久和平，不在戰爭結束後的土地與權利勻配問題，而在人與人的道德問題，要世界永久和平，便須尋求人與人的道德途徑」，這種真知灼見的話，是很值得我們的崇仰，和欽敬的！

中國是老大的國家，然而是積弱不振的國家，積弱不振的原因甚多，其中較爲重要的有二點，一是受固有道德的薰化，是酷愛和平的民族，所以對於殺人利器，賢哲的人、不願去研究它，一是受滿淸不良政治的影响，教育不振，對於世界科學缺乏研究的人才——民族性酷愛和平，保持固有道德，這是應該的，教育不振，缺乏科學研究人才，這是不對的，所以 國父孫中山先生在三民主義裏，諄諄垂示我們的，便是復興中國的固有道德，和迎頭學習外國的科學，我們對於現在科學的昌明，如果不迎頭趕上去，依然繼續落後，必然度着窮困的生活，不特談不上國防的問題，而且隨時會受別國的攻擊，不然的話，亦要受人類的漠視，和自然的限制，終於被天演淘汰了，筆者自愧失學，沒有科學的學識，祇知科學的重要性、而不會有科學的貢獻，常言道，空談無補，祇有希望科學家的提倡罷了！

這兒所要提出來研究和討論的，便是我國固有文化與科學有相信價值和興趣的原始哲學「易經」一書，很希望會引起社會對於吾國古聖學說，有深切的印象，和發揚光大，以爲世界永久和平的先鋒哩！

原來科學的發明，是本於自然界生物的成分和化學的作用，把它分析或變化原有的機能而利用它的特殊力量的學問，道德學的範圍，何嘗不是這樣，它的作用，亦不外本於人類禀受氣質的不同，所發生的善惡行爲和性情差別，加以鑑別勸誨，把不德的人感化爲良善的人罷了，它那種鑑別勸誨和感化的作用，便是科學分析和化學的道理。天地間一切的物質，都是由許多不同的原子構合而成功的，原子的內容，又有范子的作用，任何物品，有陰陽電子存在和作用，科學家用一劃代表陽電的符號，又把兩斷(--)代表陰電的符號，正好象我國原始文字包犧氏劃卦的陽爻和陰爻相間，換句話說，包犧氏用陰陽兩個符號，造成八卦，去形容萬物的性情，表示進化的道理，便是和今日科學家研究各種物質中的陰陽電子的分量，和性質的標誌，是一樣的，現在世界上發明的原子，據說有六十二種，但是中國古時的易經，已經有六十四個不同的卦了，譬如乾屬金，便用☰劃陽爻，坤屬土，便用☷劃陰爻，便是表示金土的堅疏不同的意思，坎卦是二陰一陽（☵），和水的形象一樣，又和今日科學家發明水是一氧二氫化成的道理相同，離卦的二陽一陰（☲），與今日科學家說明火須有四周的氧氣，方能燃着的道理相同，震卦是二陰在上，一陽在下（☳），好像炸彈炸然有凹窩和上空下實的形象，艮卦是一陽在上，二陰在下（☶），好像與空罩隔斷空氣，中間虛空的形象，巽卦是二陽在上，一陰在下，（☴）好像樹木寄生在泥土上，他的根幹，下鬆上實的樣子，兌卦是一陰在上，二陽在下（☱），好像湖澤，堅實的地面上，有大濆的樣子，可見中國原始的文字，已經附帶發明宇宙間一切生物的氣質和成分，對於物質的作用和製造原理，亦包含無遺了，好像易經的否卦，是上三劃和下六斷，下坤上乾是上實下虛的樣子，所以便成萬物閉塞，不能上達的情形，而稱它爲否卦，泰卦是上六斷下三劃下乾上坤是上空下實的樣子，不失天地形狀，萬物有生育之功，而稱它爲泰卦，又如坎離兩卦的配成，水在火上，水便可以制火，而免燎原的危險，所以稱它爲旣濟，火在水上，火勢不能撲滅，所以稱它爲未濟卦，再把否泰兩卦來說，否卦內三爻皆是陰爻，陰肖小人，但在初爻，它的惡跡還小，所以有拔茹以其彙貞吉的繫辭，泰卦內三爻，皆是陽爻，陽喻君子，但在初爻，它的德業未著，所以有拔茅茹以其彙征吉的繫辭，一則以貞吉亨，一則以征吉，便是感化小人和淬勵君子的意思。此外，六十四卦除本身的靜體不動外，若由本身的動體而發生卦爻的變動時，一個卦亦可變成六十四個卦中之任何一個卦，以至若干卦，從單獨一爻的作用而推之，可以有三百八十四爻的關係，從六十四卦的相互關係推之，便有四千又九十六個方程式，由此四千又九十六個方程式，再以四時八節二十四個氣候推之，便有三百一十四萬五千七百二十八個差別，更由此三百一十四萬五千七百二十八個差別，用六十甲子配合年，月，日，時的變化而推算之，它的原子以至電子的分析，那種深微的情形，可以想像而知了。

中國的原始哲學易經，既有這樣深微的分析與變化，所以它的內容，所包括的範圍，不特是可以類萬物的性情，而且可以通神明的盛德，不特對於萬物的構造化育，可以發明它的底蘊，而且對於造化的推進情形，和歷史的事實，可以預測無訛，我們除在本卷中易世各篇中，將可徵可信的人事和國是提出幾個易卦出來証明它的寶貴價值外，為引起讀者的興趣起見，特先將促成世界第二次大戰和平的原動力——原子炸彈的事件，於易學上已經預言的，在本文中篇闡明出來。

中國原子哲學 中

中國百世前的哲學——易經，不特是發明了原子彈的秘密，而且對於原子彈的作用效力，以及使用的地方，和因何使用的緣故，皆有極巧極妙的預言了，如果未讀完下面文字的人，一定會懷疑筆者是言過其實，或是神經過敏的，筆者自已亦深處因為自己的學識粗淺，解釋不甚詳明，應該受着讀者的責難哩！

現在，先把易卦的原子彈☲☲的構造，拿出來與讀者看，這是排列得很有秩序和趣味的陰陽電子，——二顆重叠着的火藥哩！

好了，大家的印象圖認是六十四卦中的離卦了，筆者便開始解釋離卦。

易卦說卦傳十一章說：「離，爲火，爲日，爲電，爲甲胄，爲戈兵。．．．．」

筆者說：說卦傳到離卦的解說，便是分析離卦究竟是什麼東西哩！

離卦的卦辭道：

離，利貞，亨，畜牝牛，吉。

註云：離，指日本也，貞，正也，畜牝牛，指生產之事也，吉，佳境之稱也。

筆者說：「此節是聖人作離卦的開宗明義，指示日本尋求生存方針的綱領，大意謂：日本須要依從正軌，便可以亨通，如畜養牝牛增加生產的事，即是富強國家的方法。」

彖曰：離，麗也，日月麗乎天，百穀草木麗乎上，重明以麗乎正，乃化成天下。——柔麗乎中正，故亨，是以畜牝牛吉也，

註云：麗，照也，日麗，謂日之高照也，又有高麗之義，日月，明也，重，再也，明，指明治也，中正，指中國也。

筆者說：「此段是再重申上文的意義而說的，大意謂日本得高麗的地方，所以它的光明，有發展的環境，物產蕃植的狀況，再得明治維新的政治，因此稱強天下，——它想懷柔高麗，以至中國的手段，得到享通的機會，所以能夠增加財產，如畜養牝牛的事，使國家入於富強之佳境呢！

象曰：明，兩作。離，大人以繼明，照於四方。

註云，此節反復說出兩個明字，有側重於明治的意思，兩作者，指明明治維新情形，一面刷新政治，一面向外擴展也。大人，國君也，繼，繼續也。照，昭也，離為火，照字含有昭和之意也。

筆者說：「此段謂明治以雙管齊下的政治方法，一面刷新國內政治，一面向外發展，而日本的國君昭和，繼續明治的精神，向四方發展也。」

初九，履，錯然，敬之，无咎。象曰：履錯之，敬以辟咎也

註云：履，步履也，行動也，錯然，失當也。

筆者說：「此爻便是揭明日本對外行爲的錯誤，和中國應付日本侵畧的方針，——日本自明治維新，國家日漸強盛，可是它對於土地的擴拓，無日不想侵略別國，故造成錯誤的思想，失當的行爲；中國與日本是接連最近的鄰國，所以日本對於中國土地的侵畧，更爲迫切與顯然，高麗，流球，台灣，東三省等，都是被侵占和蠶食的地方，但是中國因爲政治未能修明，承滿清二百六十餘年的積弱，國力不足，不特不敢與日本宣戰，而且不可與日本宣戰，只有忍辱負重，刻苦圖強，尋覓與友，靜候美機，對於日寇的侵略，再三退避，一方保持實力，一方避免犧牲，不至最後關頭，沒有輕易談犧牲，這便是中軸不得已而且極端慎重的政策，象曰，履錯

之，敬以避咎也，正是指明中日兩國雙方應是的情形哩！」

六二，黃離元吉。象曰：黃離元吉，得中道也。

註云：黃，黃種也，道，路也，中道，中國之土地也。

筆者說：「日本是黃種民族，與我國原是同文同種，可以共同繁盛的，——如果得着中國的道德的話。」

又此爻是承初爻而說的，指明日本已侵略中國，得着中國土地的意思。

九三，日昃之離，不鼓缶而歌，則大耋之嗟，凶。象曰：日昃之離，何可久也！

註云，昃，日過中即昃，不久光也，耋，八十歲曰耋。

筆者說：「日本侵略中國，勞師遠征，困竭國力，甚更利令智昏，行爲失當，那種得隴望蜀，尋釁歐西的行爲，正象好日移西方，不久卽見沉沒的樣子，日本過來中國，雖然得意洋洋，但是宴息向晦，好似人生至八十歲的時候，雖是有鼓缶而歌的快樂，已是死期將至，不可救藥的時候了，象曰：日昃之離，何可久也？正是警告窮兵黷武，日暮窮途的日本堊！」

九四，突如其來如，焚如，死如，棄如。象曰：突如其來如，無所容也！

筆者說：「此爻便是日本遭受原子彈的寫真，在民國三十四年八月六日上午八時許的時候，第一顆原子彈，便突然炸在日本的廣島地方，把廣島十二方里的土地三十一萬八千的人口，在刹那的時間，便焚如死如棄如，全島沒有安全的地方可容了，同月九日，第二顆原子彈，又突然的炸在日本長崎的地方，又把長崎數十方里和幾十千人口，焚如死如棄如，市區內外，變成恐怖與無所容身的死城了，不義自斃，作惡自毀，這是何等慘涼的事啊！」

六五，出涕，沱若，戚，嗟若，吉。象曰：六五之吉，離王公也。

註云：涕沱，哭泣貌，戚嗟，憂懼貌，離，日本也，王公，貴族也。

筆者說：「此爻是表明上爻日本受原子彈攻擊後，日本貴族王公大人悔禍的情形，換句話說，即是開始原子彈，襲擊日本後所發生的效力，——日本自從廣島和長崎兩地受到殘酷的原子彈毀滅以後，一般軍閥王公大臣們，都會把良心復萌起來，他們對於此種突如其來的災禍，引起極大的悲懼和徬徨，泣淚與堅痛，竟因此而不敢再強調作戰的進行，徒惹國家全部的毀滅了，象曰：六五之吉，離王公也，正是指明日本的王公大臣，悲息禍思，接收波茨坦宣言，重視和平局面，那種吉慶的事吧！」

上九：王用出征，有嘉，折首，獲匪其醜，无咎。象曰：王用出征，以正邦也。

註云：王，王道也，王用出征，指王道之師也。嘉，功也，首，首相也，禍首也，匪，惡人也，醜，糾正也。

筆者說：「此爻是闡明盟軍遏止戰爭的正義精神，和征服日本後的情形，——盟軍的出征日本，完全是本於王道精神，去糾正日本的不德戰爭和思想，不得已而用原子彈，是爲使殘暴的日本徹底覺悟和降服的緣故，雖然得奏奇功，但是并非出於好殺，所以對於日本一般民衆，除少數禍首罪魁頑梗軍閥加以捕獲和制裁外，凡馴良善行的人，都用宣撫和感化的方法，去處置他，象曰：王用出征，以正邦也，盟軍的正義精神，眞是百世以前先定了。」

附離卦原文

☲☲ 離下離上

離，利貞，亨，畜牝牛，吉。○彖曰，離，麗也，日月麗乎天，百穀草木麗乎上，重明以麗乎正，乃化成天下。——柔麗乎中正，故亨，是以畜牝牛，吉也。象曰，明兩作，離大人以繼明照於四方。

讚曰：離麗利貞畜牝牛，正道自可樂時休，
重得明治兩作績，富强天下雄九洲。

初九，履錯然，敬之无咎，象曰：履錯之，敬以辟咎也。

讚曰，步履錯亂失計謀，存心不德田中獻，
重兵壓境乘剛至，幸有砥石作中流，
爲免犧牲轉退却，敬以避咎第一籌，
明恥教戰收失域，功在靑史萬歲留。

六二，黃離元吉，象曰，黃離元吉，得中道也。

讚曰：同稱黃種元吉哉，能得中道不須猜；
煑豆燃枝何太急？自是悔亡自惹災！

九三，日昃之離，不鼓缶而歌，則大耋之嗟，凶，象曰，日昃之離，何可久也

讚曰，日昃之離不久陽，猶似大耋命難長，
鼓缶而歌一時樂，卽見西歸入冥鄉。

九四，突如其來如，焚如，死如，棄如，象曰：突如其來如，无所容也。

讚曰，突如其來原子彈，焚如死如棄如觀，
數十萬人都毀滅，無所容身落日間。

六五，出涕，沱若，戚嗟若，吉，象曰：六五之吉，離王公也。

讚曰，出涕沱若戚若嗟，悲懼驚惶吞象蛇，
王公悔禍求息戰，和平吉慶從此芽。

上九，王用出征，有嘉，折首，獲匪其醜，无咎，象曰，王用出征，以正邦也

讚曰，王道之師用出征，有嘉折首獲匪名，
無咎便是仁義德，糾正邦交示精誠。

中國原子哲學下

綜觀上面易離卦的卦象和爻辭，筆者的解說，覺得還有許多不詳盡和不甚清楚的地方，其中意義，眞是有所謂只可意會，不可言傳的奧妙，神而明之，還須讀者的會悟，不過，最少可以不會再懷疑筆者對於中國哲學廣大的推崇，說爲言過其實，或神經過敏吧！

現在，言歸正傳，離卦的原子炸彈，在百世前便這樣明明白白的發表預言，而且還知是因爲日本的不德行爲的錯誤，而施炸於日本本地，把日本侵略他國的野心毀滅了，肇禍的罪首捕捉了，又把王道正義的精神，將邦交糾正了，這不是比今日科學家單純發明原子彈，和軍事家出征行使原子彈的事實更爲高明麼？在原子彈發明未成功以前，不特科學家不敢自信有那樣征服敵人的力量，就是原子彈發明之後，軍事家亦不敢斷定是爲利用征服日本而殘毀日本數十萬人口的事，何况在百世前一切皆已預言清楚呢？

或許有人說：中國的哲學，只是紙上談兵，爲什麼不將原子彈的製造方法，表明傳授後人，使中國百世前便變成極強的國家呢？筆者說：這便是中國先聖酷愛和平，不忍人類毀滅的緣故，吾國聖人，對於原子彈的發明，秘而不宣，正是如今日美國實用原子彈之後，自願管制，嚴守秘密，不願宣洩的道理一樣，如果美國不慎，把它的製造方法宣洩出來，那末，人人皆可以製造原子彈，不是會使戰禍繼續發生，人類有全部毀滅的可怖麼？吾國先聖祇把原子彈的利害狀況，以及施用的效力，切合事實的披露出來，便是強有力的證明，何須將殺人最厲害的方法教導後人，方才算是發明呢？（中國發明火藥爲世界最先的國家，這亦是一件不可否認的事實，）如果百世前聖人已經把原子彈製造出來，筆者愚想，人類或者在九十世以前，便毀滅了，那裏能夠留存到現在，所以今日的美國，第一顆和第二顆的原子彈是被他利用成功了，將來第三顆是不是仍由美國利用抑或被其他第二國發明而利用，直接間接與美國有密切的關係，因此，美國對於世界和平的永久維持和原子彈的秘密保守兩重責任，是來得很重要而且不可一日輕忽的，退一步說，萬幸的原子彈是征服了日本，而解決了世界第二次戰爭的和平，原子彈的威力已是被世人認識了，原子彈的製造雖然美國是極端的保守秘密着，但是其他國家的科學家，或許不息的在埋頭研究着，在將來不久的時候，或許有許多的原子彈，會被第二國發明着，美國保守原子彈的秘密，是喪失効力了，世界的戰機有隨時再爆發的可能了，我們深夜思此，是會不寒而慄，難以安心閉目熟睡的！我們回憶羅斯福總統所說，世界的永久和平，不在戰爭結束後土地與權利的勻配問題，而在人與人的道德問題的垂示，覺得研究人類道德問題，變化人類不善思想，是眼前和未來不可輕視的事啊！在國防和物質文明上，我們對於科學的研究，固然要迎頭趕上去，在維持人類永久和平和避免世界慘禍的重演，我們對於道德的研究，更要出力施行才對！因爲中國在科學方面，固然落後，在道德方面，却是先進，爲世界協力維持和平起見，便應該把固有的道德發揚光大起來，我們領袖　蔣主席，在中國之命運一書中，這樣說：「須知此次世界大戰的效果，無疑的，歸結於文化，所以此次戰爭，亦可以說是文化戰爭，歐美三百五十年來民族主義，民主主義，與社會主義的成敗興亡，皆在此一役，中國五千年悠久的文化，及其道德問題之興廢，亦以此役爲試金石，此戰若不失敗於侵略主義者的魔手，則人類文明即將刮垢磨光，而中國文化亦發揚光大！」

又說：「科學不發達，技術不進步，是我們中國衰弱的一個顯而易見的原因，百年來中國人士，因爲要學習外國的科學，和技術，遂至崇拜外國一般的文化，不知中國固有的民族精神，與國民德性，自有其優良和特長之處，而中國的政治哲學，尤爲民族固有精神的匯萃，中國的政治哲學，在使戰爭生產的技術，與人生服務，而反對戰爭與生產技術來役使人生，孟子說：「仁民而愛物，」就是說國家應爲人民的生活，而支配物資，不應爲物質而役使人民，大學說：「有人此有土，有土此有財，有財此有用，」就是說生產制度要歸本於民生，更不應以生產技術而汨沒人性，三千年來傳統政治哲學與經濟原理，支配中國國民的心理，而國民的德性，亦卽與這種政治哲學與經濟原理相因而並存，……我們中國國民，固有的德性，是八德四維，陶鑄而成的，忍辱負重，明廉知恥，中國國民，有了這種德性，所以能不畏強禦，亦不侮鰥寡，且本其傳統的思想的道，推己及人，所以歷數千年能爲亞洲民族存亡繼絕，濟弱扶傾的柱石，因之，在中國強盛的時期，亞洲民族，從沒有經濟侵略與政治兼幷的史蹟，亦不見有帝國主義與殖民地之分，這種政治哲學，與政治道德，爲歐洲近代社會所蔑視而不具，其資本主義者，役使人生於生產技術之下，以爲利潤的追求，其帝國主義者，役使人生於戰爭技術之下，以求殖民地的開闢，因而在這些思想交織之中，國內的階級戰爭，國際的民族戰爭，乃充滿近代世界史的篇幅，比及大戰結束，人類臨痛定思痛之時，厭戰論者，又囂怨於科學，以爲科學適所以改進殺人的工具，致戰爭的殘酷，慘澈人寰，殊不知戰爭的終止，在於澄清戰爭的本源，而不在限制戰爭的工具。孟子說：殺人以梃與刃，有以異乎？如果人類不能發揮其終止戰爭的思想與德性，則弓矢的殺人與飛機大砲的殺人，又有什麼差別？更不知人類科學的進步，本於服務人生的動機，科學發明的濫用，致令人類因科學進步而增加殘忍，並不是科學的罪惡，而是我們中國高尚偉大的政治哲學不昌明，深遠永久的政治理想不樹立的過錯，我以為第二次世界大戰的結束，必需同時為技術役使人生的制度和思想的結束，始可以奠定永久的和平，而向世界大同邁進一步，必須這樣，我們反對侵略戰爭，才有真價值！真意義！」主席這樣說明，正是闡明中國固有政治哲學和道德的價值和指導我們應該發揮終止戰爭的思想和德性的衷心，我國固有政治道德哲學，莫過於本書所述的易經，其中包羅天地萬物生化的機微，人生順逆禍福的道理，吉凶悔吝不測的神妙，不特可以砥勵學問德行，感化性格，趨避休咎，而且不論爭訟，刑獄攻擊守衛商賈百工，在野居朝，皆有動靜進止，安分守己去邪歸正的道德方針，真是六十四卦，卦卦天經，三百八十四爻，爻爻地義，遠在六合之外，近在一身之中，暫於瞬息，微於動靜，無地沒有易的卦象，無時沒有卦的事理，現在原子彈的作用，還逃不了它的推測，日本的錯誤，盡逃不少他的推算，我們把它推崇爲中國原子哲學，是不會過情的，學者很誠懇的把它深奧的道理，根據事實，在易世等篇說明出來，便是鑑於原子彈既己出世，人類有毀滅的危機，所以不得不把範圍人心改良思想的中國唯一原子哲學的眞理，明明白白的識破，使人人知道中國古聖哲學的偉大，中國古聖哲學可以挽回末世的人心，人人注重道德的修養，把科學道德化起來！把政治道德化起來！把教育道德化起來！把軍事道德化起來！把外交道德化起來！把一切的一切舉凡人與人任何發生有關係的事，都道德化起來！然後人類才可以永久維持和平的幸福，原子彈方才不會再施行於人間，把世界毀滅去的慘禍啦！

補白

時事雜感

不惜犧牲衛城池，干戈滿地動旌旗，烽烟萬里風雲急，一片愴凉使人悲！白骨荒山英雄血，成仁浩氣志士碑，功名不朽誇青史，請視凌烟閣上詩。風雲叱咤變幻時，數次奔馳解懸疑；鋒兵難抵毛錐銳，談笑江山已定誰！把握和平邀寇力，修成玉帛救世師，真謂縱橫從古有，於今歷史第一奇。

杏花天

烽烟十載山河淚，幾多傷心成憔悴，家鄉陷落殘痕跡，祇見斷垣破碎！——流浪裡，風霜忍受，留意角聲吹起處，滿腔熱情敵人急！待盼好風消息。

又

凱音頻報捷信至，薄海歡情冲天際，山河收復慶再建，慰却英雄苦志。——歌聲下，心懷暢放，喜未到安然渡却，重修家園歸農樂，親把棒鋤剪去。

——摘之翰如詩文集

中國原子哲學 卷中

易世 上

翰如馬鎮清著

總論

至大而無邊，至幾而無方者，蓋即易之理也。夫易，作於羲皇文王周公孔子，歷經四聖而後成。故為後世萬代聖賢所讚仰焉。其能流傳至今而不泯者，當有其實貴之價值在焉。惟易具神妙變化之理，義奧辭微，非至其時，不能明其說，故其實在與價值之處，反為世人所漠視焉。世之讀易者，或重於理而略於數，或重於數而略於理，略理而任數者。又述為陰陽占驗之術，略數而任理者，亦作為務外空泛之談，去易之旨遠矣。其中或確有欲為表揚易理之深邃，與易數之神妙者，然而時之未至，難盡事物之情，而不得其說，欲明之，反晦之，欲神之，反蔽之，故易於時之義數稱其大哉。如豫卦，豫之時義大矣哉；隨卦，隨之時義大矣哉；頤卦，頤之時大矣哉，大過卦，大過之時大矣哉；坎卦，險之時用大矣哉；遯卦，遯之時義大矣哉；睽卦，睽之時用大矣哉；蹇卦，蹇之時用大矣哉；姤卦，姤之時義大矣哉；革卦，革之時大矣哉；旅卦，旅之時義大矣哉。得其時而行，應變而動，應靜而靜，應潛而潛，應見而見，素富貴行乎富貴，素貧賤行乎貧賤，素夷狄行乎夷狄，素患難行乎患難，順性命之理，盡變化之道，斯即易之義也。故易數之所在，即易理之所在，而易理之所在，亦即易數之所在。兩者互爲因果，而同一體用也。在世運變遷之際，人事之吉凶休咎，既可不離於義理之所定斷，故其說足以爲來世之勸焉與誡焉，惟是之故，世有以斯書祇爲誨人寡過，教人爲善之旁觀之者，更有以一時之不能徵信，而誣作神秘迷信之書觀之者，是皆未有深究而不得其眞理之所在也。中庸曰，王天下有三重焉。其寡過矣乎，上焉者，雖善無徵，無徵不信，不信民弗從。下焉者，雖善不尊，不尊不信，不信民弗從。故君子之道，本諸身，徵諸庶民，考諸三王而不謬，建諸天地而不悖，質諸鬼神而無疑，百世以俟聖人而不惑，即易經之所以作，與明示其時也。何以言之，蓋中庸一書，爲孔門傳授心法，其中天命率性，修道立教，存養省察，神聖功化之蘊，皆是天下正道定理，與文王周公作易繫辭之宗旨相吻合，而易之發明，厥始於羲昊，當其時，尙無文字之記載，仰則觀象於天，俯則觀法於地，觀鳥獸之文與地之宜，近取諸身，遠取諸物，於是始作八卦，以通神明之德，以類萬物之情，惟羲昊之作易，既非有文字之闡明，故其事實之証明，讀能觀其象，以知其理，以明其象。（易經繫辭）下傳云，包羲氏沒，神農氏作，斲木爲耜，揉木爲耒，耒耨之利，以教天下，蓋取諸益，日中爲市，致天下之民，聚天下之貨，交易而退，各得其所，蓋取諸嗑。神農氏沒，黃帝堯舜氏作，通其變，使民不倦，神而化之，使民宜之，易窮則變，變則通，通則久，是以自天佑之，吉無不利，黃帝堯舜垂衣裳而天下治，蓋取諸乾坤，刳木爲舟，剡木爲楫，舟楫之利，以濟不通，致遠以利天下，蓋取諸訟，服牛乘馬，引重致遠以利天下，蓋取諸隨，重門擊柝，以待暴客，蓋取諸豫，斷木爲杵，掘地爲臼，臼杵之利，萬民以濟，蓋取諸小過，弦木爲弧，剡木爲矢，弧矢之利，以威天下，蓋取諸睽，上古穴居而野處，後世聖人易以宮室，上棟下宇，以待風雨，蓋取諸大壯，古之葬者，厚衣以薪，葬之中野，不封不樹，喪期無數，後世聖人易之以棺槨，蓋取諸大過，上古結繩而治，後世聖人易之以書契，百官以治，萬民以察，
蓋諸取夬　非大智者不能明其底蘊，於是立法雖善，而無徵信。民弗尊從，文王周公有見及此，始將君子之道，本諸身，徵之庶民，考之三王而不謬，建諸天地而不悖之義理，繫之文辭，以為王天下者寡過之方，并使上下得以徵信尊從，入於善為之道，而納之正軌也。孔子繼往聖，開來學，深知文王周公辭義，而更有所說明，蓋亦恐其先知之見耳。其繫辭曰，聖人立象以盡意，設卦以盡情偽，繫辭焉以盡其言，變而通之，以盡其利，鼓之舞之，以盡其神。又曰，易之興也。其於中古乎，作易者其有憂患乎，是故履，德之基也，謙，德之柄也，復，德之本也，恒，德之固也，損，德之修也，益，德之裕也，困，德之辨也，井，德之地也，巽，德之制也。履，和而至，謙，尊而光，復，小而辨於物。恒，雜而不厭，損，先難而後易，益，長裕而不設，困窮而通，井居其所而不遷，巽稱而隱，履以和行，謙以制禮，

復以自知，恒以一德，損以遠害，益以興利，困以寡怨，井以辨義，巽以行權。又曰，易之為書也，廣大悉備，有天道焉，有人道焉，有地道焉，兼三才而兩之，故六六者非他也，三才之道也。由是觀之，可見周易一書，即先王之聖學聖道，而作人民之徵信條從者也。中庸於盡性知天，居易俟命之說，即孔子序易彖，繫象，說卦，文言之外，重於易之價值，諄諄為門人解說，而有所記述也。自文王周公作易以至於現在，蓋將有三千年之久矣，以三十年為一世論之，適值孔子預言百世以俟之際，觀其象，玩其辭，細察世事之轉變，引經証典，竟有極巧妙恰合之事實可作証明。聖人之言，誠不吾欺也。謹就中日事變關係之事，試一闡敘焉。

提綱

夫易，劃分八卦，重內外而成六十四卦，以方位言之，中國中土也。坤卦屬土，五爻有黃裳元吉，文在中也之辭，玩其義，蓋即有指的中國者，故中國以坤卦配之。日本位於東方，震卦屬東，又爲日出之方，五爻有震往來厲，億無喪有事之說，玩其辭，蓋卽有指日本者，故日本以震卦配之。又中國內也，日本外也，合內外兩卦而成隨卦，蓋卽中日事件發生，與處理事變者有關之卦也。觀其占，玩其變，存有質諸鬼神而無疑，可以爲徵信尊從而不惑者焉。

坤卦說

中國土地之大，物產之豐，氣候之和，有世界首屈一指之稱焉。易坤卦曰，至哉坤元，萬物資生。又曰，坤厚載物，含弘光大，品物咸亨，蓋可以爲中國領土之優良言矣。中國爲最古文明國家，酷愛和平之民族。易曰，安貞之吉，應地無疆。象曰，地勢坤，君子以厚德載物，蓋卽爲中國固有道德人文地理說也。夫中國既具有優良之土地，而其政治，一本於先王之禮教，故其處事也。恒能柔順利貞，對於道德立場。嘗曰，積善之家，必有餘慶，積不善之家，必有餘殃。對於處變之方則曰，履霜堅冰至，直方大，不習，无不利。又曰，括囊无咎无譽，皆爲坤之體用，爲中國固有民族性之所在也。故中國國難之際，當局之謹愼與嚮爲領導，與坤卦之辭旨甚能適合焉。易曰，先迷失道，後順得常，西南得朋，乃與類行，東北喪朋，乃終有慶，於中國國難之始，先迷後順，及尋求與友之際，一合符節，對於國際之得喪，有深可玩味之義在焉。文言曰，君子黃中通理，正位居體，美在中而暢於四支，發於事業，美之至也。蓋卽中日事件，中國與美國之合作與幫助，而暢發事業之成功乎。六三之辭曰，含章可貞，或從王事，無成有終。六五之辭曰，黃裳元吉，文在中也。吾知斯卦之辭義，實有關中國之大事也。坤之上六爻曰，龍戰於野，其血玄黃，又用六之辭曰，利永貞，此則有關於治亂之機矣。將見將形，試觀其後可耳。茲特再申其義，而解其辭於後。

坤，元亨，利牝馬之貞，君子有攸往，先迷後得，主利，西南得朋，東北喪朋，安貞吉。

解曰，坤者，中土也。元亨利貞，四德也，（見乾卦）道盛德之至善也，牝馬者，順而健行也。（見朱註易經）君子，尊稱也。从尹發號，為群衆之領袖，即當軸也。有攸往，行動也（謂治政之）先迷後得，猶先難後易，先失後得之義也。西南得朋，指得英美等國及南洋各弱小民族之與友也。東北喪朋，指與日本之為敵，又蘇俄有事於德國，自顧不暇，不能與友也。安貞吉，謂能安於正而吉也。（安字與一怒而安天下之安字同，蓋即安定之義也）

彖曰，至哉坤元，萬物資生，乃順承天，坤厚載物，德合無疆，含弘光大，品物咸亨。

解曰，坤卦屬土，土居中央，有正中之義焉。元，元首也。至哉坤元，盛贊元首之德也。萬物資生，乃能承天者，中國之革命史實也。易革卦曰，天地革，而四時成，湯武革命，順乎天而應乎人，即此之謂也。蓋坤為地為文。（易說卦傳）地之高者為山，坤厚載物，有中山之義焉。德合無疆之辭，正為明示元首之德之大，而尊稱國父也。其云含弘光大，品物咸亨者，即有期望繼成之君子焉。

牝馬地類，行地無疆，柔順利貞，君子攸行，先迷失道，後順得常，西南得朋，乃與類行，東北喪朋，乃終有慶，安貞之吉，應地無疆。

解曰，牝馬，陰質，地類，與地爲類也，行地無疆，本柔順之德，而健行也。宋儒林栗云馬也者上載而下行也有博厚之德又有勤勞之功是以比諸馬也，柔順利貞，君子攸行，即言當軸之言行，一本於國父之遺志，而不敢自主之謂也。又道，路也，土地也，常，如常也，依舊也。先迷失道，後順得常者，謂中國之先失領土，而後得恢復如舊也。類，同類也，同志也。慶，吉慶也，又慶字有指重慶之義。西南得朋，乃與類行者，謂得西洋與南洋各國如英美等之與友與同盟也。東北喪朋，乃終有慶，謂與東洋之日本爲敵，而終得慶，重慶之義大矣哉。安貞之吉，應地無疆者，即言當軸以貞正安定國家之功，其聲名洋溢於中國，施及蠻貊，舟車所至，人力所通，天之所覆，地之所載，日月所照，霜露所墜，凡有血氣者，莫不尊親，應地無疆配乾爲天之德也故曰配天也。

象曰，地勢坤，君子以厚德載物。

解曰，地，地位也。勢，時勢也。坤，中國也。地勢坤，君子以厚德載物者。謂當軸得中國時勢而造成英雄地位，居上而致力於養，以遂民生，敎以復民性，刑罰以防民奸，儲武備以禦民患，德莫厚焉，載莫宏焉也。

初六，履霜堅冰至。象曰，初六，履霜，陰始凝也。馴致其道，至堅冰也。

解曰，此爻乃明示中國反對日本之占也，蓋坤卦純陰也，不見有陽也。秋深日衰，則白露爲霜，至冬天則日更晦冥而水冰地凍矣。馴致其道，以至堅冰，則是使日光全無熱勢炎炎之意也。蓋日本之侵略中國與禍害中國，其可畏與罪惡行爲，誠有令中國發生怨感，與謀劃除之志也。詩云：「時日曷喪，予及偕亡。」又云：「在彼無惡，在此無斁，庶幾夙夜，以永終譽。」蓋此之謂也。或曰，履霜堅冰至

，有警戒與愼重事變之意也，

六二，直方大，不習，無不利。象曰，六二之動，直以方也。不習無不利，地道光也，

解曰，直言其正也，方言其中也，大言其光亨也。直方大，謂中國土地之廣大，而有中正之道焉。夫中國爲科學落後之國家，欲致富強，非有學習外國科學不爲功。然而卦言不習，無不利者，時勢之造成，得盟國之幫助也。宋儒林栗周易經傳註解云，六二易中履正。上無所疑，下無所忌。直方大，以不勉而中，何所往而不利哉。子曰，六二動，直以方也，謂六二至靜而辭之直方者，以其動言之也。不習無不利。地道光也，謂以其德而應其數，以其時而當其位。西南得朋，乃與類行，斯地道之光矣。

六三，含章可貞，或從王事，無成有終。象曰，含章可貞，以時發也。或從王事，知光大也。

解曰，章也者，文之成也，說卦傳，坤卦爲文，此爻乃反復坤象之義，明示國父孫中山先生之革命事業與當軸之繼承也。 國父因滿清政治之窳敗，倡導革命，救國救民，蓋王事也，彌留之際。猶曰，革命尚未成功，同志仍須努力。今日當軸克成 國父之志，卽或從王事，無成有終之驗也。象曰，含章可貞，以時發也。或從王事，知光大也。並言當軸繼 國父文章之大成。國父著作之三民主義建國方略建國大綱等書是也，而發揚光大之也。

六四，括囊。無咎无譽。象曰：括囊，無咎，慎不害也。

解曰：括，結也，關閉也。見康熙字典註，囊，藏貨之具也，無底曰橐，有底曰囊。朱子云，括囊，謂結囊口而不出也。又譽字，通作與，見康熙字典註無咎無譽，不失之意也。此爻爲明示中國國難中，自國對於貨藏之慎重也。蓋日本侵略中國者，覬覦中國之貨財也。當軸知其乘缺而來，收復失地，非一朝一刻之事，故對於國內之金融，必須予以適當之處置，以免爲敵人所攫奪。毅然決然，將金銀收歸國有，發行紙幣，此卽括囊之義也。漢書云，「包舉宇內，囊括四海。」詩云「于橐于囊，」蓋此之謂也。詩大雅云：篤公劉，匪居匪康，迺埸迺疆，迺積迺倉，迺裹餱糧，于橐于囊，思輯用光，弓矢斯張，干戈戚揚，爰方啓行。象曰，括囊無咎，愼不害也。括囊之事，正爲干戈戚揚，對日長期抗戰之準備也。

六五，黃裳元吉。象曰，黃裳元吉，文在中也。

解曰，黃，中正之色也，裳，下飾之貴也。元，元首也。吉，吉利也。黃裳元吉，指當軸爲國領袖之稱也。易繫辭曰，黃帝堯舜垂衣裳而天下治，蓋取諸乾坤，斯爻所以明示當軸之成功也。象曰，黃裳元吉，文在中也。文，文也。中，中也。文在中，正其名以明其繼耳，舉一隅而以三隅反，蓋有幽微之意焉。

上六，龍戰於野，其血玄黃。象曰，龍戰於野，其道窮也。

解曰，玄黃，震之色也。震，東方日出之方也。（說卦傳曰震爲雷爲龍爲玄黃）又野字田野也，領土也。血，血也，傷也。龍戰於野，其血玄黃，明示對日作戰之舉。象曰，龍戰於野，其道窮也。夫其道既窮，有何利可言，此則明示日本之失敗與不利也。

或曰，玄黃者，天地之雜也，明赤黑之辨也。青龍玄武爲東北之神，易宋儒林栗曰曰東北喪朋，斯爻之謂乎：「坤至於六，已居極陰之位，方此時也。萬物閉藏，蟄蟲不振，而言龍戰之窮。蓋所以爲天下國家之大戒，亂臣賊子之深防也」。觀此爻可以有知矣。

用六，利永貞。象曰：用六，永貞，以大終也。

解曰，貞，正也，永，顧也，利，宜也，利永貞，謂宜永顧於貞正也，得貞正而宜永顧之之意也。宋儒林栗云：「以六居上，陰之盛也。盛必戰，戰必傷，自然之勢也。有以用之，則何不哉？曰：六，陰氣也，上，柔位也。以陰居柔，永以爲貞，配乎純乾，斯爲利矣。所以然者，不安其陰，而將爲陽也。故象曰，安貞吉。子曰，用六永貞，以大終也。乾爲大，坤爲至，坤作成物，而以乾終之，弗敢成之義也。其伊尹周公復正厥辟之事乎？成王聽政之時，周公北位就臣位，弼弼而畏然，斯之謂永貞矣。」見周易經傳集解。

文言曰：坤至柔而動也，至靜而德方，後，得主而有常，含萬物而化光，坤道其順乎？承天而時行！

解曰：文言者，易乾坤之衍義，夫子申明彖辭而說之言也，坤爲土，位居中正，至柔至靜，皆寬裕溫柔之貌也，坤至柔而動，至靜而德方，即寬裕溫柔，發強剛毅，齊莊中正之意也，又後字後生也，後來居上之後也，主字，主人也，國父也，後•得主而有常，謂當軸以後國之秀，得文公之提攜，而崇稱曰 國父，有倫常之分也，亦即文理密察足以有別之義也，（文即國父原名）合萬物而化光，溥博之貌也，坤道其順乎，承天而時行者，即溥博淵泉而時出之，溥博如天，淵泉如淵之意也，此段與豫卦彖辭「豫剛應而志行，順以動，豫。——豫，順以動，故天地如之，而況建侯行師乎？——天地以順動，故日月不過，而四時不忒。——聖人以順動，則刑罰清而民服，豫之時義大矣哉！」一節，有一貫之義，蓋即夫子反復其說而爲後學指明之也。讀者以中庸三十一章之辭句而參悟之，可以觸類而長，深思而得矣，舉一隅而以三隅反，即此義也。

積善之家，必有餘慶；積不善之家，必有餘殃！臣弑其君，子弑其父，非一朝一夕之故，所由來者漸矣，由辯之不早辯也。易曰：履霜堅冰至，蓋言順也。

解曰：家，國家也，積善之家，指中國也，積不善之家，指日本也。蓋中國與日本，原是同文同種，而且同是東亞民族，有一家之義焉。然而日本以錯謬不倫之侵略，施之中國，而累積其不善之行爲，宜其有今日之餘殃也。中國自古即以禮教人，以四維八德爲立國之本，爲酷愛和平之國家，故雖柔弱，而終得今日積善餘慶之勝利，一則以興，一則以衰，其由來漸矣，非一朝一夕之故也。詩曰：「在彼無惡，在此無射，庶幾夙夜，以永終譽。」苟日本不以不善侵害中國，則中國即無反抗日本之舉。夫子曰：「履霜堅冰，蓋言順也。」當軸願從民心以抗日，致使日本之晦明失光，蓋不得已也，日本自惹之也。（詳解見初爻）

直其正也，方其義也，君子敬以直內，義以方外，敬義立而德不孤，直方大，不習，無不利，則不疑其所行也。

解曰：直其正也，方其義也，明示中軸之稱也，由爻象而言，則直爲正，方爲中也。君子，領袖也，內，國內也，外，國外也，君子敬以直內，義以方外，敬義立而德不孤者，謂領袖以敬讓之德安內，以正義之德懷外，是故得道多助，子曰，德不孤，必有鄰，蓋即敬義立，而德不孤之謂也。中國雖不習科學，而抗戰能無不利，人民不疑國家所行者，卽賴領袖之聰明睿智耳。（詳解見六二爻）

陰雖有美含之，以從王事，弗敢成也，地道也，妻道也，臣道也，地道無成，而代有終也。

解曰：陰，暗中也，美，人名也，從，順從也，坤爲地，地道，坤道也，地主之道也，亦即發圖之情也，妻，配偶也，妻道，明示身份與隨從也，臣，對君之稱也，臣道，盡忠事君之謂也，——陰雖有美含之，以從王事，弗敢成也，地道也，妻道也，臣道也者，特示蔣夫人美齡之懿德也，蓋夫人順從領袖，爲國宣勞，惟含之而弗敢宣者，蓋地道也，妻道也，臣道也，故曰地道無成，而代有終也（地道，指坤道，婦人之德也，代，替代也，終，終身也，女人以丈夫爲終身所託也，地道無成而代有終者，謂夫人爲國宣勞，雖無成於己，而代輔成終身之領袖建王業，告其獻，而君受其名，任其事，而君享其功耳。）

天地變化，草木蕃；天地閉，賢人隱。易曰：括囊，無咎無譽，蓋言謹也。

解曰：天地變化，指非常事變之際也，草木蕃，指草木換榮之時也，（蔣字屬草部，林字屬木部，草木蕃明示領袖繼任於前主席之位也）天地閉；指淪陷區域也，賢人隱，指賢人之不願爲漢奸，而潛隱也，括囊，指金銀之收歸國有也，無咎無譽，蓋言謹也。

君子黃中通理，正位居體，美在其中，而暢於四支，發於事業，美之至也。

解曰，君子，領袖也，黃中，中正之稱也，黃爲中正之色也，正位，任主席也，美，美國也，中，中國也。——君子黃中通理，正位居體，美在其中，發於事業，美之至也者，謂領袖當得正位，得美國之幫助，而事業之暢達也。

陰疑於陽必戰，爲其嫌於無陽也，故稱龍焉，猶未離其類也，故稱血焉，夫玄黃者，天地之雜也，天玄而地黃。

解曰：陰，指小人也，陽，指君子也，嫌於無陽而稱龍，明其與乾戰也，未離其類而稱血，明其俱傷也，玄黃者，天地之雜也，明赤黑之辨也，天玄而地黃，從其色而知別也，蓋亦治亂之意也。

震卦說

震，屬木，東方之正位也，東字即日與木兩字構成，蓋日出於東方，屬震之位也，故震卦以日木配之，茲解說其卦如下。

震，亨，震來虩虩，笑言啞啞，震驚百里，不喪匕鬯。

解曰，震，指日本也，亨，通也，虩虩恐懼貌，啞啞，靜寂沉着之意，震來虩虩，笑言啞啞，謂日本之來，一則有恐懼戒備之情，一則有自如沉着之況，蓋當軸能從戒懼觀變之中，從容佈置，以應付非常之國難也。百里，廣大貌，匕鬯，主器也，震驚百里，不喪匕鬯，謂日本之侵略，雖驚動中國廣大區域，然國人不願喪失領土主權也。

象曰：震亨。

解曰，亨，通也，震亨，謂日本强盛之際也。

震來虩虩，恐致福也，笑言啞啞，後有則也。

解曰，此段重中中國應付國難之狀況也，蓋以日本之來，當軸能存恐懼愼戒之心，以處理其變，而終獲吉慶也。易坤卦所謂先迷後得東北喪朋乃終有慶之義也。當軸有言，不到最後關頭，決不輕易談犧牲，即愼重應變之義也，但當軸之言雖如是，一面却熟籌應付之方，準備收復失地之策。所謂最後勝利必屬於吾者，即笑言啞啞，後有則也之義也。

震驚百里，驚遠而懼近也，不喪匕鬯，出可以守宗廟社稷，以爲祭主也。

解曰，日本之來，吾國朝野，不論遠近，雖有驚懼之心，但當軸對於領土主權，皆不顧喪失，出而抵抗，可以保守國家社稷宗廟，而且成爲強盛國家，達於祭主地位也。易坤卦所謂先迷失道後順得常西南得朋乃與類行東北喪朋乃終有慶之義是也。

象曰，洊雷震，君子以恐懼修省。

解曰，洊雷，雷聲相續之意也，洊雷震，君子以恐懼修省者，謂日本之連續侵略，繼本加厲之事，爲君子所恐懼，而時時在修省戒備中也。易坤卦所謂履霜堅冰至之意也。

初九，震來虩虩，笑言啞啞，吉。

解見上。

象曰，震來虩虩，恐致福也，笑言啞啞，後有則也。

解見上。

六二，震來厲，億喪貝，躋於九陵，勿逐，七日得。

解曰，厲，危厲也，變本加厲也，億，一萬萬之數也。九陵，九江金陵，中國首都腹地也，震來厲，謂日本侵略中國之剛厲也，億喪貝，謂萬衆財產之損失也，躋於九陵，謂日本之侵入首都腹地也，勿逐，謂敵來吾退，消耗其兵力也。七日得，此七字蓋與七七事變之七字有關也。或曰，億，度也，躋，升也，貝，貲財也，九陵，高處也，謂日本之來，中國危甚，得六二居中履正，度震之來，必喪其貝，故升高以避之。四川爲高原之地又初九之震，警之而已。故曰，勿逐，七日得，以明日本之志，不在於貝，而在領土，逐，則自耗國力，反爲喪亡矣。

象曰，震來厲，乘剛也。

解曰，日本之乘中國，有危厲之象，蓋因日本有強盛之國力也。

六三，震蘇蘇，震行無眚。

解曰，蘇，蘇聯也，又蘇字有蘇解緩和之義，蓋蘇聯爲中國與日本之強鄰，蘇聯方有事於德國，自顧不暇，對於日本侵畧中國之事，遂不干涉，日本乃利用時機，與蘇聯訂立五年之盟約，以緩和蘇聯之阻，而日本之行爲得以無眚也。

象曰，震蘇蘇，位不當也。

解曰，蘇蘇兩字相連，於蘇聯之稱，實無疑義也。惟日本對中國行爲，原是野心侵略，雖取悅於蘇聯，而其處境，實屬不當也。

九四，震遂泥。

解曰，遂，墜也，泥，泥土也，震遂泥，蓋言日本之墜入泥澤之境也。日本之侵畧中國，既失其常，而勞師遠征，傷民耗財，在長久時間中，仍不能有結束戰爭可能，兵窮力竭，正如深陷泥土之中，而難以振拔也。或曰，震驚百里，震，威也。今也極其勢而反陷於泥，則失其所以爲威矣。書曰，德威惟畏，德明惟明，有德之威，使民易避而難犯，怒之則懼，愛之則懷，若夫強暴之威，使民無所措手足，將以弱物，即不能自窮，是以陷於泥而令人無所畏懼矣。

象曰，震遂泥，未光也。

解曰，夫日本對中國戰爭，旣如深墜泥濘之中，於是燥動難制，轉而尋取南進之道，以冀打破僵局，莫如暴戾行爲，已失其威，晦明失光，反而深墜泥途之中也

六五，震往來厲，億無喪，有事。

解曰，往來，行爲也，震往來厲，謂日本之行爲危甚也。億，度也。億無喪，有事，謂中國度日本之勢力已困，可以不致喪亡也，蓋日本之環境，旣愈弄愈壞，於是挺而走險，用作最後一擲之功，而其行爲之凶狠與自致危險之道可知矣。然而中國亦度己之勢足以當之，而不至於喪失領土，是以固其疆圉，靖其國家，以爲祭主之地位也。或曰，億字，日本所以聲稱其人民之數也。震往來厲，億無喪有事，謂日本在對外危厲行動間，其民爲雖緣所損失而有不得了之事也。多行不義必有不得了之事也

象曰，震往來厲，危行也，其事在中，大無喪也。

解曰，日本行爲之危厲，皆其自致危險之境也，當事件之發生，原欲侵吞中國國土，竟不料中國精神之偉大，抗戰力量之偉大，而不致喪亡也。

上六：震索索，視矍矍，征凶，震不于其躬於其鄰，無咎，婚媾有言。

解曰，索索，氣不充也，無所得也，矍矍，神不定也，瞠目而觀也。本爻明示日本不德行爲之結果與報應也，夫日本以百年苦計，歸之一擲，不特索索然無所得，而且征凶。至於喪權辱國，厥其始爲不躬於鄰國，其暴惡行爲之可恨，雖婚和，亦爲世界所不原諒，故曰無咎有言。

象曰，震索索，中未得也，雖凶，無咎，畏鄰戒也。

解曰，日本自明治維新，國勢強盛以後，對於中國之侵略，處心積慮，野心勃勃者，豈止一朝一夕之籌備，原擬乘歐洲多事之秋，一舉而吞併中國，不料中國當軸之總付有方，雖償其願，甚更天奪其魄，一棋之差，全局皆非，乘剛而來，喪氣而退，其中義理，固在人事，實關天數，索索之說，豈止中盟之未符己哉？戰果雖凶，反見無咎（無咎謂和平也即畏鄰邦之戒也受原子炸彈之戒也）

豫卦說

有非常之時，然後有非常之士，自古一治一亂，一亂一治，否泰輪廻，時勢英雄，固在人事，莫非天命，陰陽消長，造化演變之機，吾於周易幽微之說，益可徵信服尊從之矣。

在易之豫卦曰：豫利建侯行師，英雄事業，抱負之大，可以直見其肺肝然，中庸曰，唯天下至聖，爲能聰明睿智，足以有臨也，寬裕溫柔，足以有容也，發強剛毅，足以有執也，齊莊中正，足以有敬也，文理密察，足以有別也，溥博淵泉，而時出之，溥博如天，淵泉如淵，見而民莫不敬，言而民莫不利，行而民莫不說。象曰，豫剛應而志行，順以動，豫順以動，故天地如之，而況建侯行師乎？玩其辭，可以有知矣。蓋處萬民之上，一國之首，責任之重，行爲之義，仰望之殷，蓋有比於天地日月四時之功，而崇稱聖人焉，世亂之際，轉危爲安，變弱爲強，救萬萬生靈於水深火熱之中，非有聖人孰能致之？辭曰，天地以順動，故日月不過，四時不忒，聖人以順動，故刑罰清而民服，豫之時大矣哉。讀此節，吾深悟於中庸百世而俟聖人以不惑一語，決豫卦之時之義之大，可以得之矣。

易曰：雷出地，奮，豫，先王以作樂崇德，殷薦之上帝，以配祖考，數語之義，證之易震卦，及中庸二十九章之說，有一貫之義理焉。試細析之，震爲雷也，東方之正位也，雷出地，奮，蓋言因震方之出征，正爲君子事業奮起之機也。換言之，雷出地，正是時勢造英雄之際也。說卦傳震爲雷，坤爲地。豫卦曰，雷出地，奮，豫，正是明示乾坤之配合日本與中國也。其言作樂崇德，殷薦之上帝之義者，正謂因其時會而作於天下之功業也，雖然，英雄出地，必經許多磨難，未得其時、未得其位，而欲行其志，難免有凶之咎，故初六之辭曰，鳴豫，志窮，凶也。有志而不能鳴，環境使然也。六二之辭曰，介於石，不終日，貞吉。象曰，不終日貞吉，以中正也。則畫龍點睛，明示其稱焉，不終日者，謂當軸之不終善於日，有貞忠之行，而受之以吉之占也，當平國難方殷之時，震方之利誘勢迫，多少英雄志士，受其蠱惑，而喪國計，失貞之咎，何勝數哉？獨能以中正自守，其介如石者，惟非常之士，安靜堅確，思慮明審，不俟終日也。聖人取名之義，可以深見其幾微之處矣，且夫中國地域之廣，人事之繁，繼亡清積弱之後，內亂頻仍，外侮日亟，聖人有安世之志，而無安世之位，其憂國自危之心爲何如哉？迨十年苦幹，堅心忍性，置南北之統一，弭內亂於無形，然後大會羣彥、計劃國是，貞正之氣，屹立不變，卓然而得全國民衆一致之不疑，與國計之信託，此則六三盱豫悔，遲有悔與九四由豫大有得，勿疑，朋盍簪之義，由位不當而志大行之象也。惟是，進高一尺，則魔高一丈，眈視眈眈，環境之惡，世事之險，千頭萬緒，舉足輕重，深繫於一人之身，貞志之疾，蓋隨時有中變之虞，況於重重壓境，緊閉之際乎？六五爻曰，貞疾恆不死。象曰，六五貞疾，乘剛也。恆不死，中未亡也。由是觀之，可見天地造化之機，氣數所在也。中國之不亡，繫於貞疾之際，亦可見多難興邦之苦矣。惟日之暴虐，反爲昏昧不明之象，而稱冥焉。其行爲之不德，故以中正之道以救之，得渝之功，而有成、處困歸於無咎、是以上六之辭曰，冥，（日失明曰冥）豫，成，有渝，（渝重變也）无咎，蓋有深機蘊現，明示其義也，象曰，冥（指日本之事也）豫（配當軸也）在上，（居上位也）何（姓氏也）可長也。（長字以尊長之長字釋之，可長即應欽之義也。）其中妙義，可以深得其徵矣。（冥豫在上何可長也，謂日本之失明後，當軸成功而居上位，得何氏爲司令長官之意也。

茲再詳釋其說以明之。

易序卦曰，有大而能謙必豫，故受之以豫。

解曰，大，偉大也，謙，謙卑也。受，受命也，豫，建侯行師也，有大而能謙必豫，故受之以豫者，謂當軸有偉大之人格與才能，必可建侯行師，故天特受命以建侯行師之事業也。 豫卦卦首云：豫利建侯行師，領袖言行集第一章首云：「領袖爲介石先生，是 總理孫中山先生的唯一繼承者， 領袖常師事 總理，而爲 總理最忠實之信徒，總理是三民主義的創作者， 領袖是三民主義的實行家 領袖繼承 總理未竟遺志，復與中華民族，領導中國革命，實行三民主義，十五年來，已有空前成就，全國人民，無不竭誠擁戴，絕對信仰服從，世界各國，更一致稱讚欽敬，這都是 領袖偉大的才能和人格感召之結果。」

按「領袖言行」一書，爲鄧文儀先生纂述，民國二十九年出版，本篇各段採錄者，即採取此書，合併聲明。

豫，利建侯，行師。

解曰，豫相當軸也，建侯，主事也，建國事業也，行師，掛帥也，豫利建侯行師者，謂當軸之事業利於建國掛帥之事也，　領袖繼承　國父革命事業，在北伐時，担任國民革命軍總司令，在抗日建國時，担任軍事委員長，國民政府主席，是皆建侯行師之任也。

彖曰，豫，剛應而志行，順以動，豫。——豫，順以動，故天地如之，而況建侯行師乎？——天地以順動，故日月不過，四時不忒，聖人以順動，故刑罰清而民服，豫之時義大矣哉。

解曰，豫，當軸之配卦也，豫，預也，預備也，早爲適備也，凡事豫則立，君子思患而預防之，是卽豫　義也；剛，剛毅也，剛應而志行，謂發強剛毅，足以有執也；順，柔順也，順以動豫，猶言寬裕溫柔，足以有容也。順以動豫之「豫」字，作舒字解，卽寬裕有容之義也，晉書地理志云：豫舒也，言稟中和之氣，性理之安舒也天地，廣大貌，溥博貌；如之，順從貌。豫順以動，故天地如之，謂當軸能順民心而動，故天地一切皆順從之也。日月，光明也，四時，有別也，天地以順動，故日月不過，而四時不忒者，謂溥博淵泉，而時出之，因文理密察足以有別也，又刑罰者，齊民正民之術也，民服者，敬服也，聖人以順動，則刑罰清，而民服者，即言齊莊中正，足以有敬也，此段以中庸三十一章文義發明解釋之，蓋即言當軸之聰明睿智，足以有臨也，豫之時義大矣哉。

象曰，雷出地，奮，豫，先王以作樂崇德，殷薦之上帝，以配祖考。

解曰，雷，震也，震爲雷。震，東方日出之方也，地，坤也，坤爲地。坤爲中土之地，五行土居中央也，奮，奮門也，豫，當軸配卦也，先王，文王也，又已逝曰先，首領曰王。上帝，在天之靈也，祖考，父死曰考，國父之崇稱也，又作樂崇德，即政事也。

（中庸二十八章曰，非天子不議禮，不制度，不考文，今天下，車同軌，書同文，行同倫，雖有其位，苟無其德，不敢作禮樂焉，雖有其德，苟無其位，亦不敢作禮樂焉。）雷出地，奮，豫，先王以作樂崇德，殷薦之上帝以配祖考者，謂日本出犯中土，當軸之奮起，以竟 國父建功立業之志，而慰在天之靈也。（當軸崇稱孫中山先生爲 國父，蓋卽以配祖考之義也，周易爲文王所作，國父原名文，而姓孫，蓋百世後文王之孫之稱也，以 國父爲孫氏首領，亦卽王也，旣已逝世，當稱先王也）

初六，鳴豫凶，象曰：初六鳴豫，志窮，凶也。

解曰鳴，命也，（見康熙字典）志窮，困難也，此爻明示當軸初年環境之艱辛情形也，蓋當軸童年失怙，依母王太夫人過着伶仃孤苦備極艱辛之生活，惟當軸得賢母教育，立志報國，幼時卽有堅苦卓絕精神，與革命思想，旣成年而獻身革命事業，但以環境之窘厄，數次討袁，皆歸失敗，有志而不能鳴，其處境之窮可知矣。（領袖言行集云：「領袖的生活，是勤勞樸實，歷苦異常的生活，童年喪父，依寡母過着伶仃孤苦備極艱難的生活，」又云：「民國二年，袁氏暗殺宋敎仁，擅簽五國銀行大借款，因民黨不能忍，……領袖受英士先生命，收拾舊部倉卒起事，終以軍備未整，且外商團皆袒袁，事卒敗，中國革命運動，因此受一頓挫，其後袁氏舉動益乖，十一月解散國民黨，劣蹟彰著，三年夏，領袖受總理命，主持寧滬對袁軍事，兼任第一路司令，企圖舉事，旋謀洩事敗，乃再走東京，及歐洲大戰突起，領袖時在東北，見俄國在中東路動兵緊急，即上書總理，陳述歐戰趨勢，并獻倒袁計劃，四年袁氏稱帝，國勢益危，革命黨人分途運動討袁，而袁軍四集，應瑞通濟兩艦附敵，各路敗退，民國四年五月十九日，袁氏因實行帝制之故，接受日本二十一條件，十二月實行稱帝，同月二十五日蔡鍔等組織護國軍，起義於雲南，五年春，領袖率軍佔江陰要塞，不幸內部叛變，脫險回滬，五月陳英士先生被袁術探刺死，領袖哭之至哀，蓋國喪賢良，黨失柱石，個人亦少一師承，內心悲傷，不言可喻也。」

六二，介於石，不終日，貞吉。象曰，不終日，貞吉，以中正也。

釋曰，此爻明示當軸為留日學生，而不終善於日本，蓋有貞正介於石之志節也。領袖言行集云：「領袖十九歲入邑城龍津中學，因受內外潮流之激盪，痛國族之陵夷，立志革命，四月東渡日本，志在學陸軍。」又云：「領袖在國內時，深以甲午之戰敗為恥，潛心向學，尤注意日文一科，欲藉以研究其致強之道，以為攻錯之資，蓋矢志雪國恥也。」當軸在日本學成歸國，獻身革命，鑑於日本侵略中國，得寸進尺，初則利用袁世凱帝制自爲之野心，提出二十一條件，繼又勾合北洋派武力政策，成立政治借欵，締結中日軍事協定，向中國領土進兵，阻碍革命北伐進行，愈激起維護國家及打倒日本之志願，自九一八至七七事變，皆以一貫貞正精神，忍辱負重，明恥教戰，其由來久矣，豈十年勞苦，督行抗戰之功已哉。

六三，盱悔悔，遲有悔。象曰，盱豫有悔，位不當也。

解曰，盱，睢盱也，張目而望也，悔，悔吝也，此爻明示當軸北伐之際，不當其位，而自遲悔之咎也，蓋當軸雖爲 國父唯一信徒，與繼承者，但 國父逝世後，黨內份子複雜，而且有未信服當軸，反爲制肘者，當軸以溫柔寬裕之德，不願黨國分裂，遂犧牲個人主見，通電下野，當此時也，國失領袖，猶舟之無舵，惶惶然不可措手足，北伐之成功，豈無悔乎遲得乎？雖然，此豈當軸有豫意之志乎，蓋不得已也。（本卦六二爻之靜也，介於石豈自悔豫之悔乎？其動也，不終日，豈有遲待之悔乎？六三爻之有悔者，即爲小人之阻與不當其位耳。 領袖言行集云：十六年四月，南京國民政府成立，決議繼續北伐，何應欽李宗仁分任第一第三路總指揮，領袖自任第二路總指揮，衆力併舉，各路齊攻，張宗昌力不能支，乃下令總退却，適中直魯軍十餘萬人於蚌埠臨淮，同月下旬，三路大軍，渡江向前急進，……不料北伐軍勢進展，迅速之際，忽然發生肘腋之變，武漢方面，組織之所謂僞東征軍，由長江直下，已達九江，江浙局面，頓形嚴重，於是領袖急令前敵北伐軍後撤，以鞏固首都，臨付此嚴重之局勢，同時爲顧念黨國，犧牲個人，遂決心下野，於八月十四日辭職去京，旋即赴日，但另一方面孫傳芳乘機販兵南下，徐州蚌埠等地，相繼失守，因此北伐軍受挫，未竟全功。

九四，由豫大有得，勿疑，朋盍簪，豫曰，由豫大有得，志大行也。

解曰，朋，衆也，盍，合也，簪，冠也，此爻明示由當軸之領導北伐之成功，受全國一體之信仰，而志大行也。領袖言行集云：當領袖出國之際，中國國民黨因此北伐失利，反革命勢力活躍，乃於十六年十二月十日之中央執行委員會決議「請蔣中正同志繼續執行國民革命軍總司令職權」之議案，電促領袖旋都復職。以竟革命全功，同時國內海陸軍將領，皆表示服從，敦促復職，領袖遂於十七年一月四日返抵南京，九日通電繼續行使國民革命軍總司令職權，旋赴徐州佈署一切，重定北伐計劃，改編各路軍為四個集團軍，兵力達三十餘萬人，然此次戰爭，為反革命軍閥之最後掙扎，故敵方包括奉孫直魯各軍，傾全力以相抗，人數在四十萬以上，四月九日總攻擊令下，各路戰事，同時發動，戰事進展迅速，旋佔領濟南，此次北伐計劃，已初步成功，濟南佔領之後，各帝國主義者群相疑懼，尤以日寇為甚，欲以高壓政策，阻我革命軍人發展，致發生五月三日之濟南慘案，領袖以北伐為重，乃忍痛退出濟南，急令各軍渡河北上，此時以各路將士之効忠用命，軍事推進，毫無阻滯，遂收復天津，領袖一面派員勸張作霖退兵關外，一面由大軍分途急進，直趨北京，北京既定，大功告竟，繼而關外張學良通電歸順，遂十二月十九日實行易幟，服從國民政府，至是總理寤寐不忘之北伐事業，於領袖領導之下，遂完全實現。本爻由豫大有得者，正言由當軸領導北伐而大有成功之得也，勿疑朋盍簪者，即國內海陸軍將領皆服從當軸也，志大行者，即當軸之革命志大願行也。

六五，貞疾恒不死。象曰，貞疾，乘剛也，恆不死，中未亡也。

解曰，貞，貞節也，貞疾，謂貞節之疾也，蓋處非常環境中，因利害關係，往往有使貞節變更之可能，此所以爲疾也，恒不死，則忠貞自矢，能守志恒而不變也。象曰，貞疾乘剛也，恒不死，中未亡也，正言日本乘剛而至，當軸處於險阻與困難環境中，忍辱負重，貞節爲疾也，然而恒不死，蓋即中國未亡也，當軸身負一國之安危，於此可見矣。

上六，冥，豫，成，有渝，無咎。象曰，冥，豫在上，何可長也。

解曰，冥，晦冥也，暗也，日落已夜之際也，渝，重慶也，何，姓氏也，長，長官也，此爻明示當軸遷都渝府，抗日成功，而以何氏爲長官也，——何長官當領袖仕國民革命北伐軍總司令時，爲第一軍長，抗日軍興，領袖爲國民政府主席，而何長官卽於此際受任司令長官之職。象曰，冥，豫在上，何可長也，卽言此也，蓋百世前已預言先定矣。

附坤卦原文

䷁ 坤下坤上

坤，元亨，利牝馬之貞，君子有攸往，先迷後得，主利，西南得朋，東北喪朋，安貞吉。○彖曰，至哉坤元，萬物資生，乃順承天，坤厚載物，德合無疆，含弘光大，品物咸亨，——牝馬地類，行地無疆，柔順利貞，君子攸行，先迷失道，後順得常，西南得朋，乃與類行，東北喪朋，乃終有慶，安貞之吉，應地無疆，○象曰，地勢坤，君子以厚德載物。

贊曰：坤土中正配中華，柔順利貞吉慶加；
牝馬地類稱健德，萬物資生品物誇。
百世爲文承天命，含弘光大不厭奢；

先迷失道喪東北，後順得常觀美霞。
應地無疆配天德，君子豹變分外嘉。

初六，履霜堅冰至，象曰，履霜堅冰，陰始凝也，馴致其道，至堅冰也。

讚曰：陰氣始凝露成霜，晦冥之際失炎强，
因馴其道堅冰至，對日干戈我武揚。

六二，直方大，不習，無不利。象曰，六二之動，直以方也，不習無不利，地道光也。

讚曰：直爲正兮方爲中，大言光亨功業崇，
能知不習無不利，信是天排造化工。

六三，含章可貞，或從王事，無成有終。象曰，含章可貞，以時發也。或從王事，知光大也。

讚曰：文章氣節留貞正，賚志玉業勉後成；
以時發揚知光大，中流砥柱作干城。

六四，括囊無咎無譽。象曰，括囊無咎，愼不害也。

讚曰：搜括橐囊莫與仇，愼重貨財爲敵偷；
不害金融能善處，干戈戚揚篤公劉。

六五，黃裳元吉。象曰，黃裳元吉，文在中也。

讚曰：黃裳元吉文在中，明示功業丕承翁；
文爲國動中稱正，黃裳便是郅治功。

上六，龍戰於野，其血玄黃。象曰，龍戰於野，其道窮也。

讚曰：血戰原野種族悲，耗傷民財更喪師；
失足墜泥千古恨，日末途窮悔已遲。

（二）

辨明赤黑雜玄黃，日共同盟害又彰，
龍戰於野傷見血，其道窮也安可長！

用六，利永貞。象曰，用六永貞，以大終也。

曰讚，坤元用六利永貞，應地無疆配乾亨；
大德終成建侯志，不負丈夫法盤庚。

文言曰：坤至柔而動也，至靜而德方，後得主而有常，含萬物而化光，坤道其順乎？承天而時行！

讚曰：坤方至柔又至靜，五德居中發爲强；
後生喜得明主器，淵泉有本訂倫常，
含章萬物稱溥博，緒業繼成化且光，

日月不過天地順，承天啓運四時行。

積善之家必有餘慶，積不善之家必有餘殃，臣弑其君，子弑其父，非一朝一夕之故，所由來者漸矣，由辨之不早辨也。易曰：履霜堅冰至，蓋言順也。

讚曰：積善餘慶積惡殃，因因果果報應彰；
亡家喪國豈朝夕？辨之不早有此傷！
微微漸漸成大錯，由來已久故汪汪；
順天行道討醜匪，馴致其道至冰霜！

直其正也，方其義也，君子敬以直內，義以方外，敬義立而德不孤，直方大，不習，無不利，則不疑其所行也。

讚曰：直其正也方其義，方大不習無不利；
君子敬義德不孤，安內攘外成郅治。

得道多助草上風，將士用命成厥志，

百世徵信俟聖人，不疑所行關心事。

陰雖有美含之，以從王事，弗敢成也，地道也，妻道也，臣道也，地道無成而代有終也。

讚曰：有美含之從王事，弗敢成也妻道備；

代君嘉謀在終身，純純懿德全恩義。

天地變化，草木蕃，天地閉，賢人隱。易曰：括囊無咎無與，蓋言謹也。

讚曰：天地變化草木蕃，森嚴將士蔚然翻；

陷落閉塞賢人隱，不染汚名正義存；

爲慎貨藏括囊橐，無咎無與六四坤。

君子黃中通理，正位居體，美在其中，而暢於四支，發於事業，美之至也。

讚曰：君子黃中通理法，正位居體美在中；
暢於四支發事業，美之至也造化工。

陰疑於陽必戰，爲其嫌於無陽也。故稱龍焉，猶未離其類也。故稱血焉，夫玄黃者，天地之雜也，天玄而地黃。

讚曰：陰疑於陽必戰兮，嫌於無陽稱龍兮；
未離其類而血兮，天地玄黃有別兮！

附震卦原文

䷲ 下震 上震

震亨，震來虩虩，笑言啞啞，震驚百里，不喪匕鬯。彖曰：震亨，震來虩虩，恐致福也，笑言啞啞，後有則也，——震驚百里，驚遠而懼邇也。出可以守宗廟社稷，以爲祭主也。象曰。洊雷震，君子以恐懼修省。

讚曰：震動干戈虩虩來，笑言啞啞志不灰，
震驚百里嶺土失，不喪匕鬯誓復恢，
洊雷便是修省際，忍辱豈爲恐懼哉？
出守宗廟衛社稷，奮到强邦稱主裁。

初九，震來虩虩，笑言啞啞，吉。象曰，震來虩虩，恐致福也，笑言啞啞，後有則也。

讚曰：震來虩虩福在中，恐懼修省國力充，
笑言啞啞知有則，重慶嶺土收復功。

六二，震來厲，億喪貝，躋於九陵，勿逐，七日得。象曰，震來危厲，乘剛也讚曰：震來危厲乘剛也，億象喪貝何爲者？

躋於九陵勿逐之，七日事變看華夏。

六三，震蘇蘇，震行無眚。象曰，震蘇蘇，位不當也。

讚曰：五歲聯盟得蘇蘇，震行無眚更無虞，

位不當也枉侵略，徒傷國計喪元謨。

九四，震遂泥。象曰，震遂泥，未光也。

讚曰：勞師遠征陷泥濘，滯溺不振喪光明，

欲退不能進難得，深遂苦境看自傾。

六五，震往來厲，億無喪，有事。象曰，震往來厲，危行也，其事在中，大無喪也。

讚曰：往來危厲在侵中，大國難吞失遠攻，

億雖无喪災將至，有事不了視其終。

上六，震索索，視矍矍，征凶，震不于其躬於其鄰，無咎，婚媾有言。象曰，震索索，中未得也，雖凶，無咎，畏鄰戒也。

讚曰：不于其躬于其鄰，侵中不得索索然，
一視矍矍征凶貌，喪權辱國我亦憐！
婚媾有言食惡果，畏鄰之戒惟善遷，
雖凶無咎歸仁德，王師到處卽青天。

附豫卦原文

䷏ 下坤 上震

豫利建侯行師。彖曰，豫，剛應而志行，順以動，豫，——豫，順以動，故天地如之，而況建侯行師乎，天地以順動，故日月不過，而四時不忒，聖人以順動，則刑罰清，而民服，豫之時義大矣哉。象曰，雷出地，奮，豫，先王以作樂崇德，殷薦之上帝，以配祖考。

讚曰：豫利建侯幷用師，剛應志行在順時，
日月不過天地合，動止中正不違儀，
因雷出地知奮起，英雄時勢造化奇，
刑清民服聖人績，作樂崇德百世垂。

初六，鳴豫凶。象曰，初六鳴豫，志窮，凶也。

讚曰：童歲失怙曷勝悲？境遇困難克苦時；
天降大任先窮志，英雄事業即此基。

六二，介於石，不終日，貞吉。象曰，不終日，貞吉，以中正也。

讚曰：貞忠自守介於石，中正不變吉乃孚，
爲全國土不終日，義氣乾坤巍巍乎。

六三，盱豫悔，遲有悔。象曰，盱豫有悔，位不當也。

讚曰：國是紛紜難適中，盱豫有悔志未通，
滿路荆棘惡力在，位不當也不可攻。

九四，由豫，大有得，勿疑，朋盍簪。象曰，由豫大有得，志大行也。

讚曰：南北統一內亂平，由豫有得志大行，
能不自疑天下計，羣朋盍簪觀大成。

六五，貞疾，恒不死。象曰，六五貞疾，乘剛也，恒不死，中未亡也。

讚曰：强寇侵犯勢如雷，環境險惡迫且摧，
貞疾不死能恒守，天生正氣至矣哉。

（二）

自是中華未該亡，天生貞正氣節強，

剛毅卓絕恒不死，存亡大計係此肩。

上六，冥，豫，成，有渝，無咎。象曰，冥，豫在上，何可長也。

讚曰：晦冥失光日方衰，豫業功成喜渝陪，

重恢國土歡無咎，何可長也敗已裁。

易世 中

客有疑於易世之言。而難予曰，觀君之言，有斷章取義，曲解附會之嫌，吾於君病矣，予默然不對，非不對也，以來客未明易理之道，變化之機，言之反使其再疑焉。又有客信於易世之言，而稱予曰，君之解說，圓機具智，幽微合理，有恰得其妙之處，吾於君贊焉，予默然不對，非不對也，以來客已深得其義，於易理變化之機，早有所徵信與尊從也，復有客半信半疑於易世之言。而告予曰：聖人作易以類天地萬物之情，先天下而開其物，後天下而成其務，因數定象，用象定占，吉凶晦吝，皆有先機，君之易世，用中日事件爲証明，然而與中日事件有關係者，豈止兩國與當軸一人乎，汪氏故事，亦一非常之因，周易若可徵者，必另有義理著之卦象，而君還而不言，是豈易有所窮而不足徵乎。予曰，唯唯，夫易之繫辭曰，易之爲書也，原始要終，以爲質也。六爻相雜，唯其時物也，其初難知，其上易知，本末也。初辭擬之，卒成之終，若夫雜物撰德，辯是與非，則非其中爻不備。噫，亦要存亡吉凶，則居可知矣，知者觀其彖辭，則思過半矣。又曰，易之爲書也，不可遠，爲道也屢遷，變動不居，周流六虛，上下無常，剛柔相易，不可爲典要，唯變所適。」是故讀易者，全在精神之運，心術之通，然後與天地合其德，與日月合其明，與四時合其序，與鬼神合其吉凶，仁者見仁，智者見智，識其義，則一笑之間，深寓萬言之機，不顯其義，則萬言之繁，難表一笑之意，此孔子講仁義，諄諄誨人居易俟命，而盛贊鬼神之德，與理財之道，論語子罕篇，反言子罕言利與命與仁之說，豈非可憂哉？實則子之罕言，非不言也，爲罕得其人而言也。芸芸衆生，沉迷於勢利之途，悟道之事，豈易言哉？夫不得其人而與之言，曰失言，得其人而不與之言，曰失人，吾於易理之見，尤爲慎之，其成書之文字者，蓋知有相知之士，同相研究而發揚之耳，其中涵義，細微之處，非有所遺也，能會其意而玩索之，凡事之可以影響於大義者，皆可於周易一書尋得之，若中日事件，於兩國與中軸之外，汪氏失貞之事，不特早有卦象可徵，而且有詳明之繫辭，君既有所問，當再樂爲辭說，庶解謎於易之不足徵也。

夫中國中土也，既以坤卦配之，日本東方也，亦以震卦配之，言震之侵坤也，坤之人莫不敵視之，故合內外兩卦而有豫之建侯行師也。（豫卦曰「雷出地奮豫」即指此義也。）其有習天下之大不韙，獨悅震而親善之者，則當以隨卦配之矣，蓋隨之爲卦，外兌而內震，兌悅也，震東也，以震之事而悅之，非隨卦之象如何，故以隨卦配汪氏焉。

隨之卦辭曰：

隨，元亨利貞，無咎。

解曰：元，元勳也，亨，亨通也，利，宜也，貞，正也，此言汪氏原是開國元勳，於國事爲亨通者，若能貞正，可以無咎也。——或曰，元亨利貞，四德也，隨元亨利貞無咎者，明示汪氏須具有四德，乃可以無咎也。

彖曰：隨，剛來而下柔，動而說。

解曰：剛來，指日本乘剛強之勢而來也。（易震卦六二爻象曰，震來厲，乘剛也，即此義也。）下柔，指中國之柔弱也。（易坤卦曰，柔順利貞即此義也。）此言日本以剛侵吾，而汪氏反以其動，而悅之也。（說通作悅）

隨，大亨，貞無咎，而天下隨時，隨時之義大矣哉。

解曰：大亨，大亨通也，居大業之謂也，此言汪氏當大業，必須貞正，乃可無咎，處天下之事，尤宜合時，不可違時。（天有四時，而人隨之，上有四德，而下隨之，故曰，隨元亨利貞，無咎也，夫四時不備，則寒暑失序，人不可以隨天，四德不固，則威福無章，下不可以隨上，元亨利貞四者無咎，而後天下隨之矣。孟子曰：身不行道，不行於妻子，蓋此之謂也。）隨時之義甚大也。

象曰，澤中有雷，隨，君子以嚮晦，入宴息。

解曰，澤兌也，兌為日入之方，猶指中國也。雷，震也，震為日出之方，猶指日本也，隨，君子，指汪氏也，嚮，嚮應也，晦，失光也，宴，宴安也，息，姑息也，澤中有雷，謂中國之被日本侵入也，隨，君子以嚮晦入宴息者，即言汪氏之嚮導日本，使日本失明，宴安而姑息也。

初九，官有渝，貞吉，出門，交有功。

解曰：渝，渝變也，交，交際也，出門交，即外交也，此言汪氏在渝為官，能貞正可以吉利，任外交之事，便有功於國家也。

象曰：官於渝，從正吉也，出門交有功，不失也。

解曰，從，遵從也，正，當軸也，此言汪氏在渝爲官，能遵從當軸，自然吉利，若任外交之事，可以不失其功勳也。

六二，係小子，失丈夫。

解曰：小子，指日本也。日本有矮人之稱丈夫，大丈夫也，此言汪氏係邪而失正，爲諂媚於矮人，而失掉大丈夫之資望也。

象曰：係小子，弗兼與也。

解曰：兼，顧也，與，譽也，譽與與通，見康熙字典。此言汪氏因親善日本，而不兼顧自己之名譽也。

六三，係丈夫，失小子，隨，有求得，利居貞。

解曰：係丈夫，貪係於大欲之事也，失小子，謂失矮人之事也，此爻承上爻而言之也，蓋汪氏既貪係於小子，而弗兼舉，致喪大丈夫之氣節，甚更貪求一己之大欲，而作日本之嚮導，致使日本墜陷於泥澤之中也。（易震卦九四爻象曰震遂泥未光也）卦曰，隨，有求，得，利居貞者，正爲明示汪氏有所求之道也。（苟汪氏能居貞正之道，向上有所求，當有所得也。）

象曰：係丈夫，志舍下也。

解曰：舍，捨也，下，臣下也，此言汪氏圖一己之私，不顧服從領袖而捨去臣下之職也。

九四，隨有獲，貞凶，有孚，在道以明，何咎。

解曰：凶，喪也，孚，信也，此言汪氏雖有所獲於地位，但已喪失其貞正之節矣，苟汪氏憂國之誠心，澤民之素志，有以取信於上，上知其志在於行道，而非有背公營私，附下罔上之處也，非有招權固位，欺上盜名之謀也，即有以自明，何咎之有哉。

象曰：隨，有獲，其義凶也，有孚，在道明功也。

解曰：夫人之有所獲，必須有道以明其義，苟失其道，則不能無疑，獲人之財，猶謂之盜，況獲於國之民乎？故謂其義凶也。昔者伊尹在畎畝之中，幡然而起曰：吾豈使若是君爲堯舜之君，使是民爲堯舜之民，天之生斯人也，使先知覺後知，先覺覺後覺，予將以斯道覺斯民也，周公勤勞王家，卑躬下士，一飯三吐哺，一沐三握髮，恐失天下之賢人，親執贄而見者千人，還贄而相見者三千人，貌執之士，百有餘人，欲言而請畢事者，千有餘人，二公之行不同，其有獲於斯民一也，而湯武在上，未嘗致纖芥之疑，豈非有孚在道，其志自明也哉。（豫之九四爻曰，由豫大有得，勿疑，朋盍簪，隨之九四爻曰，隨有獲，貞凶，在道以明，何咎，一則以大，一則以凶，何也，蓋非其有而得，謂之獲，豫之所承者，六五也，五非四無以得民，是以爲大也，隨之所承者九五也，五居正中，而四獲於下，是以爲凶也。）

九五，孚於嘉吉。

解曰：孚，信也，嘉，善也，親善之義也，孚於嘉吉者，極盡親善之手腕，而獲吉利也。或曰：嘉，嘉賓也，汪氏以日本為嘉賓，而獲得其信用，有吉利之占也。

象曰：孚於嘉，位正中也。

解曰：位正中，南京偽政之時也，孚於嘉。位正中也者，即指汪氏親善日本，得日本之信用，而確有中央偽政權之地位也。

上六，拘係之，乃從維之，王用享於西山。

解曰：拘，執也，係，繫也，縛也，拘係之，謂執繫之也，乃從而維之，不得歸也，王用享於西山，鞠躬盡瘁以示其誠也。（享祭享也，享於西山即歸山受享，有死亡之兆焉。）此爻蓋指汪氏之受日本執係，不得回歸，以至死亡也，當汪氏執繫於日本之時，正值日本軸心失利，中國將值最後勝利之際，日本有恐汪氏之中變，故特拘繫之，而汪氏處斯時遇，窮途末路，亦惟有從而維之，以表示其誠意，與固結不解之義也。又曰：取西山之木石，以填東海，此精衛含石之故事也。（山海經，炎帝之少女，過東海溺死，化為冤禽，名曰精衛。居發鴆之山，常銜西山之木石，以塡東海。）斯爻畫龍點睛，明示其辭，猶豫卦六二爻介於石之義也。含西山之木石，難塡汪洋東海之壑，直不憾恨綿綿哉！

象曰：拘係之，上窮也。

解曰：上，指汪氏也，窮，極也，此言汪氏一至拘係，卽届其窮盡之境矣。

如上所述，易象之於汪氏失貞事，豈非詳盡明盡，君爲達人，於所言當能普悟與反隅之者，雖然，君子求於中而不顧於外，惟明哲可以保身，好辯爲不得已，學理無涯，各有所會，同氣相求，知己非難，世有明讀斯文之作者，進而教之，補吾不逮，則可以無憾，又何須多贅哉，客聞斯言，稱善而退，因續作易世中篇焉。

附隨卦原文

䷐ 下震上兌

隨，元亨利貞，無咎。象曰：隨剛來而下柔，動而說，隨大亨貞，無咎，而天下隨時，隨時之義大矣哉，象曰，澤中有雷，隨，君子以嚮晦入宴息。

讚曰：隨卦元亨本宜誠，無咎之占在利貞，
澤中有雷乘剛至，下柔不慎節易更；
動而有悅豈祿位？時以宴息使晦明，
君子失道污名染，都在公私一念生。

初九，官有渝，貞吉，出門，交有功。象曰，官有渝，從正吉也，出門交，有功，不失也。

讚曰，爲官有渝貞自吉，何須僞府媚敵人？
遵從中軸交外政，功勳不失志亦伸。

六二，係小子，失丈夫。象曰，係小子，弗兼與也。

讚曰：爲係小子失丈夫，弗兼大譽枉奇儒；

（汪氏當行賴攝政王時，被執繫獄，提審之際，執筆直書供辭一萬言，時人稱爲奇儒焉）

讀此方知天數定，萬載遺臭笑他愚！

六三，係丈夫，失小子，隨有求，得，利居貞。象曰：係丈夫，志舍下也。

讚曰：爲貪名位豈丈夫？向晦不明誤侏儒；

求上舍下喪貞志，同生共死在茲乎！

九四，隨有獲，貞凶，有孚，在道以明，何咎。象曰：隨有獲，其義凶也。有孚，在道明功也。

讚曰：在道不明反中庸，隨雖有獲義已凶！

無所忌憚自作孽，西山故事恨重重。

九五，孚於嘉，吉，象曰：孚於嘉吉，位正中也。

讚曰：極盡諂媚親善功，孚於嘉賓苦甘同；

致位正中償大欲，安知福兮卽禍翁！

上六，拘係之，乃從維之，王用亨於西山。象曰：拘係之，上窮也。

讚曰：拘繫日本託病醫，乃從維之絕歸期；
受享西山喪亡兆，上窮竟是千古悲。

易世 下

易子作易世上中兩篇，有客見之而喜曰，昔者余之讀易也，因未得其義，見其辭之幽奧，觀其象之反復，恒以為聖人特為難解之說，而將其句讀之散亂不章也，因惑而疑，因疑而遠，因遠而棄，蓋以為易之不足讀也久矣。今讀君所作，始了然於易之用與其辭之妙焉，易興於中古，曠百世而相感者，蓋惟君耳，雖然，吾猶有未得其解者，周易一書，既為先王文王也本諸身，徵諸庶民。（易明夷曰，明夷利艱貞，象曰，明入地中明夷內文明而外柔順，以蒙大難，文王以之，利艱貞，晦以明也，內難而能正其志，箕子以之，又繫辭曰，易之興也，其當殷之末世，周之盛德耶，當文王與紂之事耶？）考諸三王而不謬，（易繫辭曰，古者包犧氏之王天下，仰則觀象於天，俯則觀法於地，觀鳥獸之文，與地之宜，近取諸身，遠取諸物，於是始作八卦，以通神明之德，以類萬物之情，作結繩而為罔罟，以佃以漁，蓋取諸離，包犧氏沒，神農氏作，斲木為耜，揉木為耒，耒耨之利，以教天下，蓋取諸益，日中為市，致天下之民，聚天下之貨，交易而退，各得其所，蓋取諸噬嗑，神農氏沒，黃帝堯舜氏作，垂衣裳而天下治，蓋取諸乾坤……）建諸天地而不悖，（易說卦傳云，天地定位，山澤通氣，雷風相薄，水火不相射，八卦相錯，又云，雷以動之，風以散之，雨以潤之，日以烜之，艮以止之，兌以說之，乾以君之，坤以藏之）質諸鬼神而無疑，（易繫辭曰，易與天地準，故能彌綸天地之道，仰以觀於天文，俯以察於地理，是故知幽明之故，原始反終，故知死生之說，精氣為物，游魂為變，是故知鬼神之情況）百世以俟聖人而不惑（易繫辭曰，夫易之為書也，原始要終，以為質也，）由周以至民國，蓋有三千年之久，有百世之期矣，（一世為三十年）以劃世代而論之，適是推翻滿清而建樹中華之際也。易坤卦，雖稍有言之 國父之革命事實，但畧而不詳，以推翻滿清之歷史觀之，其價值之重大，實可不輕於中日事變者，且以當軸之成，汪氏之改，易猶有卦象以配之， 國父功業之大，以理論之，亦必有卦象以配之，君盍一併闡明，以為天下人士之徵信，而發揚國粹哲學之廣大乎？馬子笑曰：諾，是吾之所願也，夫人傑秉於地靈，世事憑於天數。易繫辭曰：易有聖人之道四焉，以言者尚其辭，以動者尚其變，以制器者尚其象，以卜筮者尚其占，是以君子將有為也，將有行也，問焉而以言，其受命也如嚮，無有遠近幽深，遂知來物，非天下之至精，其孰能與於此。又云：參伍以變，錯綜其數，通其變，遂成天地之文，極其數，遂定天下之象，非天下之至變，其孰能與於此？ 國父之推翻滿清，建設共和也，由固有封建制度，一轉而為民主政治，蓋為中國五千年來之最大變化也。 國父原名文，而易之所以為易，亦本於天文與地文也，是故中庸二十九章曰：質諸鬼神而無疑，知天也（天，天文也，易賁卦彖辭曰：賁，亨，柔來而文剛，故亨，分剛上而文柔，故小利有攸往，天文也，文明以止，人文也）百世以俟聖人而不惑，知人也，（人，人文也，易革卦六五象曰，大人虎變，其文炳也，又賁卦曰，文明以止，人文也，）以知天而至知人也。（知天之為文，則亦知人之為文也，賁卦曰，觀乎天文，以察時變，觀乎人文，以化成天下是也。）中庸二十六章曰，詩云：維天之命，於穆不已，蓋曰：天之所以爲天也，於乎不顯，文王之德之純。蓋曰：文王之所以爲文也，純也不已。是故文王作易，百世而後，乃有孫（百世後之孫也）曰文者，孫文也。國父之爲王也。（王尊稱也，猶尊稱　國父之謂也）　國父原爲醫學博士，必知難經，因行革命，故行易經，其提倡知難行易之說，亦一徵也，當革命之初，在香港開設乾亨行，以爲幹部，是即周易六十四卦卦首，乾卦之應也。（易乾卦曰，乾元亨利貞）迨革命成功，以陽曆雙十日爲國慶者，亦即取義於乾卦也。（乾卦六爻純陽又乾字內藏雙十日也）又當共和政府成立，以紅黃藍白黑爲國旗者，亦即成於文之義也。（禮記樂記云五色成文而不亂）綱領道破，其餘可知矣，夫易六十四卦中有革卦焉，斯革卦者，蓋即　國父革命事業，推翻滿清而建設中華民國之配卦也。君試觀吾解，當知吾言之不謬矣。

易序卦曰：井道不可不革，故受之以革。

解曰：穴地出水曰井、釋名，井清也。（見康熙字典註）井道不可不革，故受之以革者，謂滿清自道光政治腐敗，不可不革，故天受　國父以革命也。蔣主席中國命運一書云：清朝自道光年間，立國精神淪沒，開國的遺規失墜，政治解紐，國防廢弛，瓦解土崩，大勢已成於此時期，中國在列強侵略之下，遂造成了不平等條約，繼續不斷，有加無已的國恥，卒使吾國勢日蹙，而滿清皇室的本身，亦難免於覆滅，我　國父看出了滿清這種對內政策，足以致國家民族的滅亡，所以自興中會至同盟會，即以此為革命對象。

雜卦曰：革去故也。

解曰：故，舊也，革去故也，鼎取新也，革去故者，即明示革命事業為推翻舊政也。

革卦之辭曰：

革，已日乃孚，元亨利貞，悔亡。

解曰：已字讀為已經之已字，已到之已字，日字，日期也，孚，信也，已日乃孚者，謂已經到可以徵信之日期也。換言之，即謂百世之期已到，可以為上下也者所徵信也。又巳字以辰巳午未之巳字讀之，日字作日本解之，其義見後解。元亨利貞者，乾卦四德也，又於國父開創乾亨行之義也，晦亡，指滿清之滅亡也。

象曰：革，水火相息，二女同居，其志不相得，曰革。

解曰，革，革命也，水火，相尅也，水火相息，謂性情之不同也，二女同居，喻也，指漢滿兩族也，革，水火相息，二女同居，其志不相得，曰革者，謂革命之事，因漢滿兩族水火之關係，其志向不能相得，故發生革命也。或曰：漢與滿字相似，惟滿字有兩字，兩，二也，滿族原為古之女真，二女即指滿清也，二女同居，其志不相得者，謂滿族與漢族居，其志不相得也。

已日乃孚，革而信之，文明以說，大亨以正，革而正，其悔乃亡。

解曰：巳字，讀為子丑寅卯辰巳午未之巳字，即曆數地支之巳也，日字，指日本也。征，征伐也，此一巳字，與光緒乙巳年發展革命之事有關也，國父自光緒戊戌至歐洲考察政治風俗後，乙巳春，重至歐洲，揭三民主義五權憲法，號召同志，組織革命團體，同年在日本與黃克強先生等組織革命同盟會，入會者達萬人，公推 國父爲領袖，是時內地，除甘肅無留日學生外，十七省之人，皆與焉，日人稱此會爲留學界空前未有之盛會，而中華民國之名稱，即於是時規定，公佈政綱，經營擘劃，各黨員皆歸國運動，於是革命事業益盛，（事載清史）本文已日乃孚，革而信，文明以說，大亨以正，革而正，其悔乃亡者，即此段之史實耳，蓋已日乃孚者，謂乙巳年在日本，大孚衆望也，革而信之者，謂革命事業之受人信仰也，文明以說者，即將三民主義五權憲法以明其說也，大亨以正者，謂 國父之被推爲首領也，革而正，謂革命宗旨之正確也，其悔乃亡者，謂滿清之悔亡也。

天地革而四時成，湯武革命，順乎天而應乎人，革之時大矣哉。

解曰：此段爲申明革命之義而說也，蓋革命之事，猶若天地四時，陰陽寒暑之變化也，能順乎天，則四時不失，能應乎人，則四德以正，湯武革命，即其範也。

彖曰：澤中有火，革，君子以治曆明時。

解曰：澤，兌也，其質金也，金見火而化，卽革命之功也洪範金曰從革所以然者，蓋滿清原始爲金女眞之遺種，國父提倡革命，卽火也。本卦六五爻象曰大人虎變其文炳也其文炳也卽火之象也君子指國父也，曆者，曆數也，時，時候也，澤中有火者，謂革命也，君子以治曆明時者，謂國父於革命成功後，受任中華民國大總統時，改用陽曆，以辛亥年十一月十三日改爲元年元月元日也。

初九，鞏用黃牛之革。

解曰：鞏，鞏固也，牿然堅固也。詩大雅，藐藐昊天，無不克鞏，用，使用也，黃，姓氏也，牛，喻也，借力也，鞏用黃牛之革者，謂國父得黃克強先生鞏固其革命事業也。（黃克強先生，原名興，湖南長沙人，素倡民族主義，初爲興華會首領，繼於乙巳年在日本與國父共組革命同盟會，國父得其協力而革命愈見隆盛，本爻謂鞏用黃牛之革，蓋與此事實相合也。）

象曰：鞏用黃牛，不可以有爲也。

辭曰：有爲，名也。（上文鞏用黃牛之黃字指黃興，明姓而不明名，此文不可以有爲之有爲兩字，指興有爲，明名而不明姓，蓋即聖人作易深機也，明其有姓，則知其有名，明其有名，則知其有姓，一隅三反，是在讀易者之善悟耳。）鞏用黃牛，不可以有爲也者，謂國父之革命事業，得黃氏之協力，而不可與康有爲同謀也。（康有爲，廣東南海人，初創保皇會於京師，研究保國保種之策，旋任清庭工部主事，嘗上書請變法，德宗召用之，激於知遇，凡有所見，莫不上達，而帝亦言無不從，數月之間，革新之詔，不下百數十通，雷厲風行，中外震動，爲頑固親貴所不悅，竭力排之，新舊之爭，達於極點，卒至釀成戊戌政變，逃亡海外，結合同志，設立保皇黨，謀恢復光緒帝政權，與帝以施行君子立憲制，而國父自廣州失敗後，遨遊歐美，專主民主共和制度，欲傾覆滿淸，實行種族革命，兩派政見，顯見不同，與不相容，象曰：鞏用黃牛，不可以有爲也，正此義也。）

六二，巳日乃革之，征吉，无咎。

解曰：征，征伐也，巳日乃革之，征吉，無咎者，謂乙巳年 國父在日本革命運動，確定征伐滿淸計劃，進行順利也。

象曰：巳日革之，行有嘉也。

解曰：嘉，嘉謀嘉猷也。書經：爾有嘉謀嘉猷則入告你后於內。巳日革之，行有嘉也者，謂乙巳年國父在日本之革命運動，其行爲有嘉謀也。

九三征凶，貞厲，革言三就，有孚。

解曰，凶，喪也，厲，危也，三就，再二再三也，有孚，信也，征凶，貞厲，革言三就，有孚者，指革命事業之危厲失事，再 再三，引起民衆之信望也。

象曰：革言三就，又何之矣。

解曰：革言三就又何之矣者，謂革命再二再三，不可測度也。又何之，不知所往，即不可測度也。

九四悔亡，有孚，改命吉。

解曰：悔亡，指滿淸之消亡也，有孚，信從也，命，政令也，吉，利也，悔亡有孚，改命吉者，謂滿淸既亡，爲天下所信從，而改更政令順利也。（命指政，言命相同，革命者，命以革而受命於天也，改命者，命以革而便於民也，國家有積弊，與革命之，所宜盡革者也，非處水火相息之時，而有剛柔不偏之用，安保不貽後悔乎？然天下有改革極當，而君或見疑，民或駭異者，未孚故也，必以吾爲國爲民之實心，交孚於上下，然後革命之不便者，從而革之，則無忌無猜，庶鼎新之治成矣。）

象曰：改命之吉，信志也。

解曰：信，信仰也，志，同志也，改命之吉信志也者，謂 國父推翻滿淸，建設民國之所以順利進行者，爲能得同志之信仰也。

九五，大人虎變，未占，有孚。

解曰：大人虎變也，威儀者，謂　國父之革命事業，其威嚴有若猛虎之可畏。所謂一鳴驚人是也。未占有孚者，謂不待占決而得人心之順服也。（易乾卦五爻龍飛，堯舜之揖讓當之，革五爻虎變，湯武之征伐當之，虎之變也，文疏而著，百獸望而畏之，知其為虎也，不待決而孚之矣，君子動而世為天下道，行而世為天下法，言而世為天下則，遠之則有望，近之則不厭者，蓋以此之謂也）

象曰：大人虎變，其文炳也。

解曰：炳，光明貌，大人虎變，其文炳也者，謂　國父之革命偉業，使國家之文明也，斯爻畫龍點睛，猶豫卦二爻介於石貞吉之義相同也，文即　國父之原名也，大人虎變之說，正為百世前已定之事也。（俗稱父親為大人，本爻稱大人者，即為　國父尊稱之意也。）

上六，君子豹變，小人革面，征凶，貞吉。

解曰：豹，虎之子也，虎生三子，二虎一豹，虎剛而豹柔，君子豹變者，蓋明示國父革命事業繼緒之人也，繼緒國父革命事業之最有關係者，厥維三人焉，一即胡氏，胡展堂也一即汪氏，汪兆銘也一即當軸蔣主席也是也，國父二字，爲當軸命令尊稱之者，亦爲汪氏命令尊稱之者，是知國父爲五爻之虎，而當軸與汪氏等爲子也，斯爻君子與小人之稱，正明示當軸與汪胡二氏也。俗稱兒子爲小子，或小人，或小孩，小兒。胡汪兩氏皆賫志歿矣，過剛乃折，其肯二度乎？易曰：小人革面，征凶，其斯之謂乎？當軸以柔順之德，撥亂爲治，變弱爲強，其肯豹乎。易曰，君子豹變，貞吉，貞者正也其斯之謂乎。——或曰：征凶貞吉，此言革道已成，不宜再有所紛更，自取多事，此征所以凶而貞所以吉也。蓋天下事，未革患其不能革，既革患其不能守，人有良莠，覺有先後，化有淺深，或招睥睨之体，胡氏是也或漾田稗之染，汪氏是也重熙累洽，未必舉天下而一於貞也，是故戒以貞而勉以正耳。

象曰：君子豹變，其文蔚也，小人革面，順以從君也。

解曰，蔚草木茂盛之貌也，君子，首長之意也。蔚字，從草部，從尉字，尉，武官也，將尉也，合草與將字，即將字之義也，君子豹變，其文蔚也之說，正爲明

示當軸之繼緒 國父大志也，小人革面，願以從君者，謂汪氏之宜遵從當軸爲首長也。（易隨卦曰，官有渝，從正吉也，即應此也。）正名定分，不可不辨耳。

馮子釋完革卦，客拍案而叫絕曰，聖人作易，卽是其有徵驗，誠可以爲王天下寡過之方也，予於今知萬物天定，惟貞正爲吉矣，大易之道，得吾君而大明。予不特爲君喜，抑且爲國慶喜也，馮子因作易世下篇，以答客之美意焉。

附革卦原文

䷰ 下離 上兌

革，已日乃孚，元亨利貞，悔亡，○彖曰：革，水火相息，二女同居，其志不相得，曰革，——已日乃孚，革而信之，文明以說，大亨以正，革而正，其悔乃亡，天地革而四時成，湯武革命，順乎天而應乎人，革之時大矣哉。象曰：澤中有火，革。君子以治曆明時。

讚曰：文王作易本諸身，上考三王下徵民，
不悖天地質神鬼，百世不惑俟聖人。
百世賢孫文王志，深寓革卦透天機，
陽元雙十日曆數，乾亨事業已先知。
五色成文共和功，三千歲月虎變中，
百世年前先易定，方知萬事是天工。
漢滿從來水火然，平安相息難久年；
二女同居終異志，不能相得自革遷！
湯武史實千秋在，百世於今推逸仙，
乙巳日本孚衆望，文明以說順承天；
蓋世功名本數定，茫茫何須問誰賢？

寄語沙場逐鹿客，毋輕天命讀斯篇！

序卦曰：井道不可不革，故受之以革。

讚曰：井道頹墜難復清，湯武事業受元勳；
更新革故造化力，百世爲文作易經。

初九，鞏用黃牛之革，象曰：鞏用黃牛，不可以有爲也。

讚曰：鞏用黃牛倡興華，革命事業從此誇；
政見難容保皇黨，不可有爲許長沙。

六二，巳日乃革之，征吉，無咎。象曰：巳日革之，行有嘉也。

讚曰：乙巳之年創同盟，空前盛會在日成；
明揭主義定國體，領袖革命倒滿清。
巳日會盟乃革之，征討韃担興義師；
行有嘉謀不易志，方知數定弗能辭。

九三，征凶，貞厲，革言三就，有孚。象曰：革言三就，又何之矣。

讚曰：十次征凶不灰心，一片貞厲誓滅金；
革言三就難測度，自是聲名萬衆欽。

九四，悔亡，有孚，改命吉。象曰：改命之吉，信志也。

讚曰：井道悔亡有孚時，更改政命吉何疑；
若非精誠信同志，安得鼎革換新旗！

九五，大人虎變，未占有孚。象曰：大人虎變，其文炳也。

讚曰：大人虎變鼎取新，未占有孚順天民；
文王功業炳然在，湯武於今第一人。

上六，君子豹變，小人革面，征凶，居貞吉。象曰：君子豹變，其文蔚也，小人革面，順以從君也。

讚曰：君子豹變其文蔚，小人革面乃征凶；

貞吉居中履正位，千秋名分定順從。
虎生三子剛與柔，過剛先折咎孰尤；
睟盎之禍胡己矣，西山故事祇增羞！
君子豹變其文蔚，小人征凶義更訧；
自是天命百世定，功業克成足千秋。

補白

歡歸

鮀江道上彩旗飛，綠水青山慶雲煇；故人六載復相見，握手言歡破愁閑。回首端[illegible]淪陷別，烽煙道裏千絲結！奔馳湖海幾春秋？歷盡波濤何奴溺，君今白髮已歸來，吾亦風塵僕僕催；但成自慰閑居賦，好與天涯倦客猜。

——摘之翰如詩文集

中國原子哲學 卷下

易命 上

翰如馬鎮清

或曰：星命之說，九流三教之事也，先生何貴乎此？曰，善哉問，夫世界萬物，其存亡興衰之機，各因其環境之適宜與否而定者也，凡一事物之能歷傳千載而不泯者，必有此歷傳不泯之價值存焉，星命之術，非始見於今日，蓋其由來久矣，然而歷代傳遞不絕，恒爲士大夫所重者，即有其可尊可信之發理也，且星命一術，本源於易理，而易經之作，發明於包犧氏，繫辭於文王，周公，孔子，歷經四聖而後成，孔子聖之時者也，其學問之廣博，見理之深邃，有萬世師表之稱焉，然而學易不倦，於君子知命之說，尤諄諄然爲門人言之，其注重於易與命之道，亦可知矣，秦始皇焚書坑儒，獨以易經爲卜筮之書，不受丙丁之厄，而儒家亦遂輕視之，少有研究者，於是其道乃晦而不明，後世謏學之士，直以江湖糊口之術視之，偶有一知半解，即加於吉凶休咎之途，妄言妄語，弗徵弗信，幾何不誣於易之道而失於易之位哉？吾國歷代名儒，其能精明易與命理之蘊，如漢之董馬，管輅，晉之郭璞，三國之諸葛亮，唐之袁李一行，東海徐居易，宋之陳希夷，邵堯夫，程頤，朱熹，明之劉基，王陽明諸夫子，對於性理生命，陰陽曆數之學，各有所擅長，惟以麟角鳳毛，世見不數，下級社會，誤於江湖假藉之說，而不明有經世至理之道在焉，僞亂眞，邪亂正，浸浸然而中國唯一神聖之哲學，竟日漸沒落而失提倡焉，昔者於小學讀書之時，對於談斯道者，蓋嘗以迷信之學輕之矣，中學之時，對於談斯道者，亦嘗以無稽之談斥之矣，專校之時，對於談斯道者，亦嘗以妨礙科學遠之矣，及至社會奔趨，歷經風霜、始幡然於古人之道，誠有足研究者，於是昔之輕之斥之遠之之道，不特能之喜之近之，而且專其精神而研究之，覺中國科學不振之因，與後學輕視於易經一書，深有關係焉，若今日科學戰爭之危厲，由平面而轉爲立體，其主力莫過於制空權之飛機與炸彈，但其術吾國先聖於百世前早已發明記載無遺矣。易小過之辭曰：有飛鳥之象焉，飛鳥遺之音，不宜上宜下。（不宜上宜下者謂不可登高盼望宜居下以避也）又離卦之九四爻曰：突如其來如，焚如，死如，棄如。旅之上九爻曰：鳥焚其巢，旅人先笑後號咷，喪牛，於易凶。皆於飛機炸彈戰爭之義，有所徵象焉，又若橫馳洋海，用作戰艦輪艇之物者，中國古代，何莫無言之，易中孚象辭曰，利涉大川，乘木舟虛也。六三爻曰：得敵或鼓，或罷，或泣，或歌。渙卦象辭曰：利涉大川，乘木有功也，而未濟卦及既濟卦，皆有曳其輪與征伐之說，是皆顯然之記載也，且中國對于火藥之發明，爲世界之最先者，可見科學實非落後之國家，惟古聖一本和平博愛之精神，戰具之危厲，雖經發明，而不願施之實用，所以厚德載物，善義處衆，以王道治世也，歷史三國諸葛亮有流牛木馬之發明，是蓋有深得于易理之術也，惟亮之後，中國之戰器，竟未見有任何發明者，即坐于輕視易經一書，僅爲卜筮之道，有以致之也。雖然，易之理微，豈止于科學戰術工具一道已哉！先聖之志，非欲以發明之利器，加于無辜之百姓也，征凶之戒，數見于爻辭，或潛或見，或厲或躍，或飛或悔，進德修業，學以聚之，問以辨之，寬以居之，仁以行之，皆所以示人知難居易，安分守命，本乎中正之道，而治之之義也。夫如是，則爭競不生，爭競不生，而天下太平矣，安用于戰具利器之發明哉？彼德國，世界科學發明最盛之先進國也。日本，當世界科學發明之後進國也。戰器之利，彈火之鋒，稱霸于世界宜矣，然而今日事實之証明，科學愈昌明，害人利器愈凶狠，人類之痛苦愈劇烈，其國家之敗亡，亦愈迅速，作俑無後，不義自斃，是知科學之發明，反爲不祥也，非不祥也，失于道德之基礎也，惟吾先聖已早有戒懼及此，故雖有所發明，而深秘之，復以常德行，習教事，遏惡揚善，師出以律之說誨人，蓋皆爲生民之安全計也，由是觀之，科學之昌明，固爲人類進化之所必需，而道德觀念之研究，尤爲人類和平永久之基礎，今後世界前途之展望，在于人與人之永久維持和平方針，而不在害人利器之發達與否也，其義理之幽微詳盡，莫過于周易一書，發揚而光大之，使人人素位而行，循于仁義道德之途，自可消弭戰禍于無形，而享受永久之和平矣！且夫人稟陰陽氣化而生，天地陰陽之氣化，其性質各有不同，而其存在又有太過不及之分，火炎上也，水潤下也，土稼穡也，金從革也，木曲直也，金木水火土中，又有氫氧氣：……鈾等之各項原子成分，或由氫氧二氣之化成，或由炭鈣等物之作用，春夏秋冬之氣質不同，早午昏夜之變化亦互異，聖人本於不鬪之義，而將其化合之時，用五行名稱表出之，依其時之氣化成分狀況，而決定其人之性質或善，或惡，與器用之適宜，而以善治惡，用大統小，蓋有深微之理在焉，且如水，至夏而涸，至冬而冰焉。木，至冬而凋，至春而茂焉。土，太燥則裂，太濕則潰焉。金，太剛過折，太柔則弱焉。火，至夏而可畏，至冬而可愛焉。人生之稟賦既不同，其窮途之順逆遂有宜與不宜之處也。君子明於命理稟受之輕重厚薄，而各安其分以守之行之，在上位不欺下，在下位不凌上，彼此分工合作，有絜矩之道矣，何患乎爭競之發生，戰禍之不已哉！

抑吾又可將醫道喻之，醫之道，與五運六氣有密切之關係焉，與人之稟受秉質尤有密切之關係焉，善醫者醫未病，苟能深明氣化之道，因人而善治之，則裨益於醫術可觀矣，蓋吾嘗實驗之矣，人之稟受屬火性者，則其病多因火之衰旺而有火之疾病焉，人之稟受重木者，則其病亦因木之衰旺而有木之疾病焉，人之稟受土金水等性質者，亦因其稟受之土金水之衰旺不同而各有其疾病焉，火，心與小腸也。木，肝與胆也。土，脾胃也。金，肺與大腸也。水，腎與膀胱也。發乎其情，見乎其性，或風焉，或寒焉，或暑焉，或濕焉，或燥焉，面之紅者，明其熱焉，面之青者，明其寒焉，面之白者，明其勞焉，面之黃者，明其疸焉，面之黑者，明其瘀焉，各因其生尅順逆，旺衰強弱之不同而施之於病況，能因其時而補之，瀉之，扶之，抑之，用藥之道可以無誤矣，失治之禍可以不與矣，治人之道，猶與醫人之理相同，能因人之稟受性質，而御用之，或剛之，或柔之，或懷之，或樂之，或重之，或輕之，適其性，願其情，遏其惡，揚其善，感而化焉，裁而誨焉，革而新焉，正而賞焉，因勢利導，應變隨機，人情所悅，環境所宜，莫處不是風光和靄之地，溫柔安樂之鄉，將何見怨恨之生，禍亂之過哉？故曰：知命之說，可以作道德之觀念，而爲永維和平之學問也，吾於孔子居易知命之說，所以羅而尊之者，蓋此也。雖然，命之理微，其變化之妙，深奥之事，固非淺識之士，所能尋求其眞理者，而況假於失盲之人，不學之士乎？世之輕賤斯道者，實因未明其義理之處也，夫以經世至理之書，流爲盲子唯一職業及江湖糊口之具，奈何不目見晦暗失明，而深評於易命之不足信哉？苟世之君子，一變已往輕視之心，而共起研究之，使易與命之理，得以深裨於世道人心，人人居之俟之，則人類永久和平之功，可以槩矣，於三教九流何有哉？

易命 中

或曰：先生尊重於易與命之道，而提倡之，敬聞命矣，夫世界之進化，全仗人力之建設，苟談之命理，則是天下之人，將以為命之吉者，可以無所為而富貴焉，命之凶者，雖力於所為，而貧賤焉，將使人人怠於工作，而入於消極之途矣。又若富貴者，以為有命理存焉，可以放辟邪侈，而終為富貴；貧賤者，亦以為有命理存焉，不須依仁行義，而終為貧賤，則是使人蹈於不德之道矣，直不與先生所提倡者相反對乎？曰，否，不然，夫富貴壽考，人之所欲也；貧賤夭殤，人之所惡也，然其欲與惡也，恒非可求而得者，其於人也，壽考者有之，夭殤者有之，或既富而賤或既富而賤，或既貴而貧，有富貴雙全者，亦有貧且賤者，不可備舉；夫吉與福，亦人之所欲也，凶與禍，亦人之所惡也，然其欲與惡也，亦恒非可求而得者，其于人也，有吉福俱臻者，有凶禍皆來者，或先凶而後吉，或先吉而後凶，亦有禍福同至者，是以備數，此何故哉？蓋即天命也。孟子曰：莫之爲而爲者，天也，莫之致而至者，命也，此之謂也，惟是天地之生人也，皆賦人以四肢五官百骸耳目口鼻，人之欲得生存也，必須衣食住行以供應之，欲得衣食住行之供應，必需賴于四肢之工作，或勞心或勞力以求之，吾爲求生存也，吾努力工作，汝爲求生存也，汝努力工作，彼亦爲求生存也，彼亦努力工作，人人欲求生存，則人人不容一日消極，人人不容一日消極，則人人必積極于社會之建設與進化亦可知矣。所異者，即因人人之積極求生活，欲望有所伸擴，而生超分之行爲與爭競之事，聖人有見及此，故特發明命理之說，以範圍之焉，吾嘗細究之矣，人類因稟受氣化之不同，而有貧富貴賤窮通壽夭之異，非造化之不仁也，蓋有不得已之義也。何則？人之福壽同，則無尊卑之分，無尊卑之分，則不能安本分，不能安本分，則社會之爭競與紛亂之事起矣，其異於禽獸者幾希，惟造化之不同，使人各有福壽之差，故尊卑有別，上下有分，人人安其份，守其業，不敢有存僥倖之心，而社會之秩序亦遂安寧矣。孟子曰：莫非命也，順受其正，是故知命者不立於巖牆之下，盡其道而死者，正命也，

枉梏而死者，非正命也，由是觀之，命理之道，非使人入於消極與不德之途亦明矣

且夫易理之廣，統天地人三才之道，命理之微，兼陰陽變化之機，天地陰陽，有太過不及之分，故人類亦有智愚與賢不肖之別，知者過之，愚者不及焉，賢者過之，不肖者不及焉，聖人以賢智而治愚不肖，正以太過而制不及之道也，太古之世，道德敎化，用天之道，因地之利，播五穀，蓄雞豕，人人安其分而守其業，故不使貧窮者無乏食之虞，而衰弱者亦有長養之幸焉，其所謂貴者，賢智之士，居於上而率下者也，所謂賤者，愚不肖之人，居於下而被役於上者也，所謂富者，廣積蓄而役不積蓄之人也，所謂貧者，無積蓄而受役於積蓄之人也，是故貴者，忙於政治焉，賤者，忙於勞役焉，富者，忙於調配焉，貧者，忙於耕作焉，人人得以安享其生活，而無飢饉之疾，雖弱者亦可轉爲強壯而延長其壽年也，末世德衰，人人蔽於欲染，不安本分，互相侵凌，於是貴者由諂媚而得，富者由掠奪而得，賤者由失人而成，貧者由失業而成，貴由諂媚，故政治亂，富由掠奪，故勞役廢，賤由失人，故人才衰，貧由失業，故盜賊起，貴者恃勢而橫征暴斂，富者恃財而驕奢淫佚，賤

者勢窮而萎靡不振，貧者財乏而流作盜匪，失天之道，棄地之利，五穀荒，雞豕缺，奈何不釀成飢饉凶年，浩劫戰爭之局哉？然而復不能悟者，有不得其籍之故，愚愚然怨天尤人，豈不可痛哉！吾之提倡易與命理之道者，正爲末世人心鵠也，中庸一書，爲孔門傳授心法，其中至德要道，一言以蔽之，卽在闡明天命之理而已，故其章首卽以天命之謂性一言以冠之，蓋性者，卽人之稟受天地陰陽氣化之不同所生之者也。聖人以其性格之不同，而用中正之道，以統率之，教化之，是以有率性以道，修道以教之說也，命理之道，卽所以顯示人生性格之不同，而教化之，使能謹愼於隱微之中，而警惕於不睹不聞之際，發爲中和之行也。孟子曰：盡其心者，知其性也，知其性則知天矣，存其心，養其性，所以事天也，殀壽不貳，所以立命也，蓋此之謂也，抑有進者，古聖人之發明易與命之理也，非祇爲消極範圍人心與保守社會之安寧也。易乾卦曰：天行健，君子以自強不息。革卦曰：天地革，而四時成，湯武革命，順乎天而應乎人，革之時大矣哉。又易繫辭曰：夫易何爲者也，夫易開物成務，冒天下之道，如斯而已者也。孟子曰：「求則得之，舍則失之，是求有益於得也，求在吾者也，求之有道，得之有命，是求無益於得也，求在外者也」，細繹其義，聖人發明易與命之理，實在勉勵人心而促進社會之進展也，吾人不能離世而獨立，對於處世與所以處世之道，尤不可不知之，苟能深明於易與命之理，則萬物皆備於吾矣，又何患乎社會之不能進化哉?!

易命 下

（一）

易者變化之喻也，命者天性之常也，無易不足見天命之真機；易則易知，易知而無貪古不化，拘泥頑固之害；命則易從，易從乃能恪守律法，不生非分之禍；是以善以善聚，惡以惡集，蓋因果之使然，非履之自之也。夫人賦於氣化而生，故禀賦有清濁厚薄之不同，受其小者爲小人，受其大者爲大人，小人必賴大人而治焉，大人必賴小人而養焉，力逸而心勞者，雖逸不逸，心逸而力勞者，雖勞不勞，勞以逸之，逸以勞之，造化之功也，易命之道也。

（二）

夫易深奧而難測者也，及其形而著也，洞若觀火；夫命，微渺而難知者也，及其興與敗也，瞭如指掌，是故君子居易而俟命，應潛而潛，應見而見，應躍而躍，及應飛而飛；猶鳳之知起，猶夜之知寐，宜息而息，宜作而作，動止有常，言行有度，素其位而行，無入而不自得焉。

（三）

夫人得天地中和之氣而生也，如春之溫，如秋之涼，風平浪靜，遊之既覺暢然，而且安然，人得天地太過不及之氣而生也，如炎夏之陽，嚴冬之雪，烈風暴浪，遊之既覺畏然，而且危然，是故擇友與遊，不可不慎焉。雖然，知其性而調和之，則性之太過不及者，未始不可與友也，悖其性而損逆之，則性之中和者，亦未始可得良友也，夏之用冰，冬之用爐，避風之險，離浪之驚也，變而化之，易而成之，正命而得之，蓋唯慎獨寡尤之方乎！

（四）

天地造化，五行相生，苟有太過不及，則反為敗焉；五行相尅，倘得其宜，而反得其功焉。故相生者，有時足以相害，相尅者，亦有時反為相成：此天地造化神秘之所在也。

（五）

易之為易也，易之而已，應易而不易，非易也，不應易而易，亦非易也，命之為命也，亦命之而已，應命而不命，非命也，不應命而命，亦非命也。君子之居易而俟命也，非僅居之俟之而已也，蓋居其義，而俟其宜也，得其宜而動，正所以大有為也。易曰：天行健，君子以自強不息，此之謂也，易之時義大矣哉！

（六）

甲丙戊庚壬，五行之陽也，乙丁巳辛癸，五行之陰也，乾坤之否泰；坎離之相濟；震兌之歸隨；艮巽之蠱漸；萬物之原始，造化之因果也，是故金木水火土者，直示萬物之性情也，非剛則柔，非強則弱，德與不德之分耳，以德治不德，易而止

（七）

夫易者，易之也，易是而去非，易順而去逆者也，或昔是而今非，或昔非而今是，故易其今之已非者，而爲今之已是者；或昔順而今逆，或昔逆而今順，故易其今之已逆者而爲今之已順者。夏葛而冬裘，夏扇而冬爐，氣候不同之故耳，知易而易，可以安命寡過矣，是故君子必居易俟命。

（八）

天地之道，夫婦之愚不肖，可以與知焉，可以能行焉，及其至也，雖聖人亦有所不知焉，有所不能焉，子曰：「人莫不飲食也，鮮能知味也。」此天地萬物之所以難知也。

用其誠而測之，致其曲而解之，斷其章而辨之，取其義而明之，中庸曰：「至誠之道，可以前知，」蓋此之謂也！

（九）

雖有智慧，不如待時，雖有鎡基，不如承勢，滿招損，謙受益，易之所以宜愼也；泰而否，剝而復，命之所以有定也，一爲始，九爲終，三三而三極備焉，關乎三三之數，用六之義，中庸之章旨備矣，萬物之情性滿矣！

原子哲學跋

原子炸彈，僅二枚而能息天下之爭，原子哲學，出一冊而能洩天地之秘，是蓋有以關治亂之故，關盛衰之運，衷國家存亡之機，隱乎天，顯乎人，而出現於今日之天下者也。物有古今而今重者，炸彈是也，事有古重而今輕者，哲學是也，試問今日之學校，有以哲學爲基礎者乎？無有也，今日之政治，有以哲學爲宗旨者乎？無有也，今日之科學，有以哲學爲鵠矢者乎？無有也，輕是哲學，則世界否塞，如暮夜之無燈，重是哲學，則世界光明，如中天之有日，哲學之爲用大矣哉，以之誠意正心，則德立，以之修身齊家，而道行，以之治國平天下，則仁義著，我國元首，當國爭未起之前，則提倡新生活運動，及戰爭方酣之際，又著作中國之命運，皆哲學之綱領，天人之妙諦，賢者早見於未萌，未有如我元首之聰明睿知者也，今者敵人降服，世界和平，我知其必有以發揚道德仁義之哲學，以統治中外者，統率天下，循名核實，（元首名中正，中，道也；正，德也，）則普天之下，同慶中國之有聖人矣，是以聲名揚溢乎中國，施及天下，舟車所至，人力所通，天之所覆，地之所載，日月所照，霜露所墜，凡有血氣者，莫不尊親之矣，馬君翰如，致力斯學甚有所得，近著原子哲學一書，行將付梓，出以示予，徵予爲之跋，予曰：哲學之名詞舊矣，原子之名詞新矣，夫哲學而必冠以原子二字，我知其意矣，原者始也，子者孳也，天道開於子，地支繼乎子，即以人而論，則君曰天子，師曰夫子，原子二字，固有尋本溯原，貫三才而立人極之義也，易曰：易之爲書也，原始要終，以爲質也，又曰：六爻之動，三極之道也，正以此也，書中舉易卦以辨時事，能洩天地之秘，正所謂關治亂盛衰存亡之機者歟！探賾索隱，鉤深致遠，以定天下之吉凶，成天下之亹亹者，莫大乎是書，徵予爲之跋，因不忖固陋，略本所見，以就正於當世有道之士云。

七十二叟澄海吳澄德淑瑜氏跋

中華民國三十五年二月初版

中國原子哲學

每册定價國幣五百元

著作者 馬翰如

發行者 汕頭通津二橫街一號 明德出版社

印刷者 汕頭仁和一橫街一號 自强印務局

發售處 各埠各大書局

占筮類			
1	擲地金聲搜精秘訣	心一堂編	沈氏研易樓藏稀見易占秘鈔本
2	卜易拆字秘傳百日通	心一堂編	
3	易占陽宅六十四卦秘斷	心一堂編	火珠林占陽宅風水秘鈔本
星命類			
4	斗數宣微	【民國】王裁珊	民初最重要斗數著述之一；未刪改本
5	斗數觀測錄	【民國】王裁珊	失傳民初斗數重要著作
6	《地星會源》《斗數綱要》合刊	心一堂編	失傳的第三種飛星斗數
7	《斗數秘鈔》《紫微斗數之捷徑》合刊	心一堂編	珍稀「紫微斗數」舊鈔秘本
8	斗數演例	心一堂編	
9	紫微斗數全書（清初刻原本）	題【宋】陳希夷	斗數全書本來面目；有別於錯誤極多的坊本
10-12	鐵板神數（清刻足本）——附秘鈔密碼表	題【宋】邵雍	無錯漏原版秘鈔密碼表　首次公開！
13-15	蠢子數纏度	題【宋】邵雍	蠢子數連密碼表打破數百年秘傳　首次公開！
16-19	皇極數	題【宋】邵雍	清鈔孤本附起例及完整密碼表研究神數必讀！
20-21	邵夫子先天神數	題【宋】邵雍	附手鈔密碼表研究神數必讀！
22	八刻分經定數（密碼表）	題【宋】邵雍	皇極數另一版本；附手鈔密碼表
23	新命理探原	【民國】袁樹珊	子平命理必讀教科書！
24-25	袁氏命譜	【民國】袁樹珊	
26	韋氏命學講義	【民國】韋千里	民初二大命理家南袁北韋
27	千里命稿	【民國】韋千里	
28	精選命理約言	【民國】韋千里	北韋之命理經典
29	滴天髓闡微——附李雨田命理初學捷徑	【民國】袁樹珊、李雨田	命理經典未刪改足本
30	段氏白話命學綱要	【民國】段方	民初命理經典最淺白易懂
31	命理用神精華	【民國】王心田	學命理者之寶鏡

32	命學探驪集	【民國】張巢雲	發前人所未發 稀見民初子平命理著作
33	澹園命談	【民國】高澹園	
34	算命一讀通——鴻福齊天	【民國】不空居士、覺先居士合纂	
35	子平玄理	【民國】施惕君	
36	星命風水秘傳百日通	心一堂編	
37	命理大四字金前定	題【晉】鬼谷子王詡	源自元代算命術
38	命理斷語義理源深	心一堂編	稀見清代批命斷語及活套
39－40	文武星案	【明】陸位	失傳四百年《張果星宗》姊妹篇 千多星盤命例　研究命學必備
相術類			
41	新相人學講義	【民國】楊叔和	失傳民初白話文相術書
42	手相學淺說	【民國】黃龍	民初中西結合手相學經典
43	大清相法	心一堂編	重現失傳經典相書
44	相法易知	心一堂編	
45	相法秘傳百日通	心一堂編	
堪輿類			
46	靈城精義箋	【清】沈竹礽	沈氏玄空遺珍 玄空風水必讀
47	地理辨正抉要	【清】沈竹礽	
48	《玄空古義四種通釋》《地理疑義答問》合刊	沈瓞民	
49	《沈氏玄空吹虀室雜存》《玄空捷訣》合刊	【民國】申聽禪	
50	漢鏡齋堪輿小識	【民國】查國珍、沈瓞民	失傳已久的無常派玄空經典
51	堪輿一覽	【清】孫竹田	
52	章仲山挨星秘訣（修定版）	【清】章仲山	章仲山無常派玄空珍秘 門內秘本首次公開
53	臨穴指南	【清】章仲山	
54	章仲山宅案附無常派玄空秘要	心一堂編	沈竹礽等大師尋覓一生 末得之珍本！
55	地理辨正補	【清】朱小鶴	玄空六派蘇州派代表作
56	陽宅覺元氏新書	【清】元祝垚	簡易・有效・神驗之玄空陽宅法
57	地學鐵骨秘　附　吳師青藏命理大易數	【民國】吳師青	釋玄空廣東派地學之秘
58－61	四秘全書十二種（清刻原本）	【清】尹一勺	玄空湘楚派經典本來面目 有別於錯誤極多的坊本

62	地理辨正補註 附 元空秘旨 天元五歌 玄空精髓 心法秘訣等數種合刊	【民國】胡仲言	貫通易理、巒頭、三元、三合、天星、中醫
63	地理辨正自解	【清】李思白	公開玄空家「分率尺、工部尺、量天尺」之秘
64	許氏地理辨正釋義	【民國】許錦灝	民國易學名家黃元炳力薦
65	地理辨正天玉經內傳要訣圖解	【清】程懷榮	秘訣一語道破，圖文并茂
66	謝氏地理書	【民國】謝復	玄空體用兼備、深入淺出
67	論山水元運易理斷驗、三元氣運說附紫白訣等五種合刊	【宋】吳景鸞等	失傳古本《玄空秘旨》《紫白訣》
68	星卦奧義圖訣	【清】施安仁	三元玄空門內秘笈 清鈔孤本 過去均為必須守秘不能公開秘密 與今天流行飛星法不同
69	三元地學秘傳	【清】何文源	
70	三元玄空挨星四十八局圖說	心一堂編	
71	三元挨星秘訣仙傳	心一堂編	
72	三元地理正傳	心一堂編	
73	三元天心正運	心一堂編	
74	元空紫白陽宅秘旨	心一堂編	
75	玄空挨星秘圖 附 堪輿指迷	心一堂編	
76	姚氏地理辨正圖說 附 地理九星并挨星真訣全圖 秘傳河圖精義等數種合刊	【清】姚文田等	蓮池心法 玄空六法 門內秘鈔本首次公開
77	元空法鑑批點本——附 法鑑口授訣要、秘傳玄空三鑑奧義匯鈔 合刊	【清】曾懷玉等	
78	元空法鑑心法	【清】曾懷玉等	
79	曾懷玉增批蔣徒傳天玉經補註【新修訂版原（彩）色本】	【清】項木林、曾懷玉	
80	地理學新義	【民國】俞仁宇撰	揭開連城派風水之秘
81	地理辨正揭隱（足本） 附連城派秘鈔口訣	【民國】王邈達	
82	趙連城傳地理秘訣附雪庵和尚字字金	【明】趙連城	
83	趙連城秘傳楊公地理真訣	【明】趙連城	
84	地理法門全書	仗溪子、芝罘子	巒頭風水，內容簡核、深入淺出
85	地理方外別傳	【清】熙齋上人	巒頭形勢、「望氣」「鑑神」
86	地理輯要	【清】余鵬	集地理經典之精要
87	地理秘珍	【清】錫九氏	巒頭、三合天星，圖文並茂
88	《羅經舉要》附《附三合天機秘訣》	【清】賈長吉	清鈔孤本羅經、三合訣法圖解
89-90	嚴陵張九儀增釋地理琢玉斧巒	【清】張九儀	清初三合風水名家張九儀經典清刻原本！

91	地學形勢摘要	心一堂編	形家秘鈔珍本
92	《平洋地理入門》《巒頭圖解》合刊	【清】盧崇台	平洋水法、形家秘本
93	《鑒水極玄經》《秘授水法》合刊	【唐】司馬頭陀、【清】鮑湘襟	千古之秘，不可妄傳匪人
94	平洋地理闡秘	心一堂編	雲間三元平洋形法秘鈔珍本
95	地經圖說	【清】余九皋	形勢理氣、精繪圖文
96	司馬頭陀地鉗	【唐】司馬頭陀	流傳極稀《地鉗》
97	欽天監地理醒世切要辨論	【清】欽天監	公開清代皇室御用風水真本
三式類			
98－99	大六壬尋源二種	【清】張純照	六壬入門、占課指南
100	六壬教科六壬鑰	【民國】蔣問天	由淺入深，首尾悉備
101	壬課總訣	心一堂編	過去術家不外傳的珍稀六壬術秘鈔本
102	六壬秘斷	心一堂編	
103	大六壬類闡	心一堂編	
104	六壬秘笈——韋千里占卜講義	【民國】韋千里	六壬入門必備
105	壬學述古	【民國】曹仁麟	依法占之，「無不神驗」
106	奇門揭要	心一堂編	集「法奇門」、「術奇門」精要
107	奇門行軍要略	【清】劉文瀾	條理清晰、簡明易用
108	奇門大宗直旨	劉毗	天下孤本 首次公開
109	奇門三奇干支神應	馮繼明	虛白廬藏本《秘藏遁甲天機》
110	奇門仙機	題【漢】張子房	奇門不傳之秘 應驗如神
111	奇門心法秘纂	題【漢】韓信（淮陰侯）	
112	奇門廬中闡秘	題【三國】諸葛武侯註	
選擇類			
113－114	儀度六壬選日要訣	【清】張九儀	清初三合風水名家張九儀擇日秘傳
115	天元選擇辨正	【清】一園主人	釋蔣大鴻天元選擇法
其他類			
116	述卜筮星相學	【民國】袁樹珊	民初二大命理家南袁北韋
117－120	中國歷代卜人傳	【民國】袁樹珊	南袁之術數經典